THE FOUNDATIONS OF THE PRUDENCE MUSCLE
TRAINING 100

日本健身大師秘笈，
最有效的徒手運動

100種
自重肌力
訓練

自重肌訓練天王
比嘉一雄 監修

朱雀文化

>>> 目錄

每天 20 分鐘，開始訓練自己
100 項自重肌力訓練的基本動作
The foundations of the prudence muscle training 100

>>>

3 步驟調整飲食 改造體格大作戰
讓肌力訓練成果大躍進！
Muscle Training Power UP

>>>

肌力訓練 | 10大肌力訓練的驚人科學效果！

早在 1980 年代前，想在運動場上展現出更強爆發力的運動員，
或是想把身體鍛鍊成肌肉型男，都會做肌力訓練。
21 世紀後，肌力訓練的「科學效果」漸漸被世人認可與了解，
尤其科學上已證實肌力訓練的效果不計其數，
在運動上不僅能展現出爆發力，還可打造出健美體態；
在精神層面上，也有轉換心情的效果，
更可消除工作上的壓力、改善生活習慣病，及讓全身的細胞活化，
還可促進血液循環，藉此強化免疫力等。
肌力訓練，百利而無一害。平日運動量不夠的人，
不妨就從自重肌力訓練開始做做看吧！
不僅在心理上展現自信，在工作上或在每日生活上，
也一定能展現出更加驚人的成果！

肌力訓練
十大驚人效果

>1 體態改變，產生自信！

>2 轉換心情，注意力集中！

>3 基礎代謝提升，能夠瘦身！

>4 血液循環變好，免疫力也會提高！

>5 成長賀爾蒙加速分泌，全身細胞活化！

>6 加強基礎體力，每天的生活會更輕鬆！

>7 改善因為生活習慣帶來的文明病！

>8 安眠，調節精神效果超讚！

>9 提高理解力、判斷力、記憶力！

>10 提升積極進取心，提高成就感！

MUSCLE TRAINING
Q & A 60 !!
60個肌力訓練的
基本問與答

所謂肌力訓練，和有氧運動有何不同？

只要做肌力訓練，就能練出完美的腹肌嗎？

做了肌力訓練就能瘦身嗎？

肌力訓練能在家做嗎？

從哪裡開始做起比較好呢？

這本書從肌力訓練相關的基本概念到訓練期間的飲食，為你一一詳解。

閱讀此書後，你的疑問一定迎刃而解！

動作照片　Photo by J. Arata

關於肌力訓練的疑問，
在此一併解決！

Q1 肌力訓練可以鍛鍊哪些部位的肌肉？

A >> 全身都可以。

只要是「肌肉」的部位，都可以靠肌力訓練來鍛鍊。由於肌肉只要給予一定程度以上的負荷，就會緊縮，全身不管哪塊肌肉都能夠鍛鍊，因此可以依自己想塑形的部分鍛鍊，打造出符合自己想要的體態。

Q2 有沒有什麼肌力訓練能夠一次鍛鍊全身？

A >> 沒有，沒辦法一次鍛鍊全身。

沒有任何一項肌肉訓練能夠一次鍛鍊全身，不過，卻有能夠鍛鍊到很多肌肉的訓練項目。只要搭配這些項目，就能夠鍛鍊到全身的肌肉。

Q3 為什麼要分部位鍛鍊？

A >> 因為要集中鍛鍊目標部位。

在肌肉訓練上，基本上只能鍛鍊到有訓練的部位，才會長出肌肉；沒有做肌力訓練的部位就不會長肌肉，因此對那些不想長出多餘肌肉的女性而言，也可以放心做。

Q4 能使肌肉增加變大的機制是什麼？

A >> 蛋白質合成增加，使得肌肉變大。

肌肉是因蛋白質合成而增加的，肌肉細胞會反覆分解與合成。相反的，運動不夠、壓力過大、喝酒與抽菸不僅會使蛋白質被分解，還會讓肌肉衰弱。將構成肌肉的肌纖維給予刺激，肌肉就會被破壞，分泌賀爾蒙，提高蛋白質合成，因而使得肌肉變大塊。而在這過程中，透過化學與機械給予肌肉纖維負荷，使得肌肉在反覆破壞及復原當中漸漸變大了。

Q5 想要鍛鍊全身的話，要從哪裡開始鍛鍊起呢？（手臂？腹部？腿部？）

A >> 各按所需。

雖說一樣是鍛鍊全身，不過鍛鍊的目的是為了健康還是想要練成肌肉男女，其鍛鍊的部位就會有所不同。以健康為目的者，從大塊肌肉開始鍛鍊比較好；若想成為肌肉男女，不妨就從腹部周圍及肩膀等身體前面的肌肉開始鍛鍊。

Q6 肌肉痠痛和肌力訓練的關係為何？

A >> 容易實際感受到的成果之一。

所謂肌肉痠痛，是讓肌肉變大塊的主要因素之一，在做肌力訓練時，會擔心不知道有沒有成效，而在這當中，肌肉痠痛是容易實際感受到的成果之一。為了藉由肌力訓練讓肌肉變大塊，肌肉會間接地被破壞，此破壞產生的疼痛就是肌肉痠痛。肌肉痠痛並不是一定會出現，因此即使沒感覺到肌肉痠痛，也不表示沒有成效。

肌肉痠痛是肌力訓練的成果！

Q7 肌肉痠痛時可以做肌力訓練嗎？

A >> 可以。

雖然可以，不過為了讓肌肉修復，也必須有個認知，那就是「休養也是訓練的一環」。在 Q4 也提過，肌肉會靠肌力訓練促進蛋白質合成，因此若沒有刺激賀爾蒙或沒讓肌肉修復的話，肌肉就無法變大塊。要知道休養也是訓練的一環。

Q8 核心肌肉、軀幹也可以靠肌力訓練鍛鍊嗎？

A >> 軀幹也可以靠肌力訓練鍛鍊。

本來所謂軀幹（核心）就是不管活動身體的任何部位都會使用到的肌肉，手往上舉時、走路時都會用到。因此，訓練到某種程度，就能夠更加有效活動身體。可是並沒有辦法達到一般世上所期待的成果，即沒辦法直接提高運動選手的成績。軀幹可以靠稱為穩定度的那些項目來鍛鍊。例如有不少人看過有人持續坐在平衡球上，或是有人持續站在平衡訓練氣墊上吧！就像這樣在不穩定的狀態下保持同一個姿勢（＝讓身體穩定），可以鍛鍊軀幹。

Q9 堅硬的肌肉、柔軟的肌肉，哪個比較好？

A >> 理想的肌肉為何？

大家常講「堅硬的肌肉、柔軟的肌肉」，但肌肉本身並沒有所謂堅硬或柔軟，外表看起來也沒什麼不同。在日常生活上，不僵硬和不疲勞的柔軟肌肉被認為是好的，且疲勞及結塊僵硬的肌肉容易受傷。因此，靠訓練鍛鍊出來的肌肉並沒有什麼不同，只要好好保養，就可以消除僵硬。

一定要去健身房嗎？
在家裡做不行嗎？

A >> **在家也能做。**

健身房裡有完備的運動器材，訓練時不需要再花任何心思，而且，因為要花錢，會比較有動力。可是，除此以外，並不是那麼非要去不可。特別是女性，在家裡做訓練就已相當足夠了。利用自身體重當負荷的訓練方式，在家很容易就能做，不過有個問題就是當負荷變輕時，比較難掌控慢慢讓負荷加大的訣竅。

只做自己喜歡的項目
就行了嗎？

A >> **只要是符合自己的目的就ＯＫ。**

只要是自己喜歡的項目能夠確實鍛鍊到想要鍛鍊的部位，就沒問題。只是，訓練久了，從某個時刻起就必須加大負荷，因此在 Q10 也提到，必須適時增加負荷。

要做多久肌肉才會長出來？

A >> **首先要做兩個月。**

為了實際感受到肌力訓練的成果，必須持續訓練兩個月。首先，需要花一個月～一個半月的時間，讓神經系統及身體習慣活動的感覺，讓身體變得比較好活動。之後外表才看得出變化，因此兩個月左右的時間是必要的。

Q13 一天大概要做多少量？

A >> 大概是一周做兩次全身的項目。

據說效果最容易顯現出來的頻率是一周做兩次全身的項目。即使做超過這個量，也無法再收到多大的效果。例如，一天花兩個小時做完全身的項目，一個星期做兩次，或是每天做三十分鐘，只做幾個部位，每個項目每周都做兩次，按照循環，完成所有該做的項目。不要太勉強，配合自己的生活作息，每周完成兩輪動作是最好的訓練量。

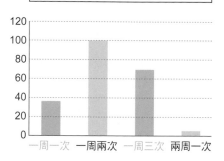

訓練頻率和肌力增加的關係圖
（每周做兩次當作 100）

Q14 體重會增加嗎？

A >> 基本上會增加。

做肌力訓練雖然會讓脂肪減少，可是會讓肌肉量增加，所以剛開始體重會增加。為了瘦身，就必須邊做肌力訓練邊控制食量。不過即使不控制食量，也能夠靠肌力訓練讓身體變結實。將來新陳代謝會提高，變成易瘦體質。

Q15 伏地挺身、仰臥起坐真的有效嗎？所謂正確的方法到底是什麼呢？

A >> 有效果。

關於肌力訓練，除了啞鈴外，很多人會想到的就是伏地挺身和仰臥起坐。然而不少人卻抱怨做了許久，卻看不到效果。事實上，只要用正確的方法，伏地挺身和仰臥起坐對肌力訓練的效果顯而易見。而所謂正確的方法，就是「安全不受傷」。像伏地挺身，配合目的、用正確的姿勢做，就有效果出現，還可以有很多變化版；而仰臥起坐，則須注意讓脊椎一節一節從地板浮起，做時想像從心窩和胯下盡可能貼住即可。

Q16 自重訓練是什麼？
其他還有什麼訓練？

A >> 就是利用自己的體重當作肌力的訓練。

本書的標題上所寫自重肌力訓練就如同文字所示，是利用自己的體重當作增肌的訓練。其他的訓練還有機器訓練（健身房裡那些可以隨意改變負荷的機器），和自由重量訓練（靠啞鈴或槓鈴等外在負荷）。

Q17 肌力訓練沒有效果，是因為做錯了嗎？

A >> 可能沒做到極限，或是做錯了。

肌力訓練做了兩個月還沒有效果出現，是為什麼呢？首先，可能是每個項目都沒有達到覺得痛苦的極限，負荷必須慢慢加上去；或是動作或方法錯了。

Q18 為了有效訓練肌肉，需要具備什麼條件？

A >> 知識和意志力。

正確的肌力訓練知識及能持續反覆進行的意志力，是有效訓練肌肉的必備條件。所謂訓練知識，指的是首先要知道做什麼項目才能讓腹部凹下去，同時必須知道所有項目的正確姿勢、動作，以及正確的施加負荷的方式，最重要的，則是持續做的超強意志力。只要缺少任何一項條件，就容易輕言放棄；只要具備這些條件，不管是誰都一定能達到目標的體態。

有正確的知識和超強意志力，肌力訓練就能成功！

Q19 是否有辦法自己判斷做對做錯呢？

A >> 必須根據正確的知識，持續做！

用正確的姿勢、做正確的次數、加上正確的荷重、達到感到痛苦的程度，是做肌力訓練必要條件。持續做的過程中，若沒有逐步增加負荷，肌肉就不會變大，重點是痛苦指數的臨界點要不斷提高。

Q20 刻意意識肌肉，效果會改變嗎？

A >> 有可能改變 20%。

做肌力訓練時，刻意意識正在鍛鍊的肌肉，有可能讓效果提高。研究指出，刻意意識正在運動的肌肉，肌肉放電量會增加20%。舉例來說，右手將啞鈴舉上舉下時，用沒有拿著啞鈴的左手觸摸右手臂。

Q21 有沒有比較容易鍛鍊的肌肉？

A >> 容易意識到的肌肉就是容易鍛鍊的肌肉。

全身的肌肉當中，容易鍛鍊的是大塊的肌肉及身體前面的肌肉等較常意識到的部位。位於身體前方的肌肉，自己容易看到，易提高訓練的動力，訓練頻率也會增加。如同 Q20 提到的，越容易意識到，效果可能就越大；身體後面的肌肉雖然不容易鍛鍊，不過重要的是意識與鍛鍊同步。

Q22 體重會變化嗎？會減少還是增加？

A >> **剛開始會增加，不過最終會減少。**

剛開始訓練時，雖說脂肪會減少，不過肌肉量增加，因此體重反增不減。但是，一旦肌肉量增加，基礎代謝就會上升，每天的卡路里消耗量也會提高，最終體重會減少。但若不控制或是不持續控制卡路里的攝取，就無法持續到瘦身階段。體重不是判斷標準，外表看起來的感覺及體脂肪率才是評判基準。體質和體態比較重要。

Q23 肌力訓練的必備條件是什麼？

A >>

1 準備

目標明確。以一個俊男美女為目標，再詳細計畫課程進度，初步以容易達成的內容為主，待能輕鬆完成這些動作後，就增加負荷。一套靈活變化的動作課程，較容易持續。

2 道具

瑜珈墊及活動空間是基本款，若能加上彈力拉繩等道具的話，可以有更多變化。（照片是 mobiban 製的彈力拉繩：http://www.mobi-ban.com/）

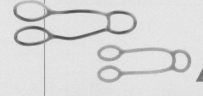

4 水分

事先準備好水，口渴時可以適量補充水分。建議是開水或像運動飲料那種含少許糖分的飲料。糖分的攝取，可以在激烈運動時，抑制蛋白質分解。

3 服裝

只要方便運動，穿什麼都可以，能提高幹勁的服裝最好。注意！為了不要扭到或受傷，最好穿上鞋子。

5 心理準備

相信效果，持續做上兩個月，你就能變成心目中完美的自己。有著這樣的心理準備，就能增加訓練效果。

Q24 訓練中，容易受到什麼傷害？有沒有預防方法？

預防受傷就可持續做肌力訓練！

A >> 受傷大多是韌帶拉傷，或是肌肉拉傷。

訓練中常見的傷害，就是肌肉拉傷和韌帶拉傷。為了避免這些傷害，訓練前一定要做暖身操，讓肌肉大幅運動的動態伸展操，或是訓練項目當中負荷較小的動作 4～6 次，都可當作暖身運動。雖然多次的肌肉訓練無妨，但每個部位每周做 2 次是比較理想的。同時為了讓肌肉修復，充分休息也是必要的。休養與飲食都是訓練的一環。

Q25 小塊肌、大塊肌，生長的方式不一樣嗎？

A >> 脂肪量不同。

小塊肌和大塊結實的肌肉的長法其實沒什麼不同，基本上只是脂肪量不同而已。邊瘦身邊訓練可以長出小塊肌；若想要擁有結實的大塊肌，就盡量訓練吧！

Q26 想要擁有小塊肌或結實的大塊肌，鍛鍊方法不一樣嗎？

方法不同，可以訓練出小塊肌，或是訓練出結實的大塊肌！

A >> 每套的次數和荷重不同。

女性或者是想長出小塊肌的人，動作就以負荷輕為主，但次數要多，約是最大量的 60%左右，約做 15～20 次；想要擁有結實的大塊肌，則要做到最大量的 80%荷重，也就是感到痛苦的程度，約做 8～10 次。

Q27 容易長肌肉和不容易長肌肉的 身體有什麼不同？

A >> **雖然遺傳占了很大的因素， 但該做的事一樣。**

肌肉的質和量因人而異，因此確實有人容易長肌肉，有人不容易長肌肉。不過無論體質如何，都可能訓練成長出小塊肌。像是只要吃得過多就容易長脂肪，營養較易吸收的，也容易長肌肉。所以易胖的人也易長肌肉，但通常會變成結實的大塊肌。

Q28 關於肌力訓練的項目， 要依男女改變訓練項目嗎？

A >> **沒必要改變。**

原則上，肌力訓練的鍛鍊方式是配合目的來設計動作項目的。因此，只要目的相同，訓練的項目一樣也無妨。也就是說，只有目標不同，進行鍛鍊的項目才有差異，無關男女。

Q29 男女做出來的效果不一樣嗎？

A >> **賀爾蒙本質不同。**

以賀爾蒙的本質而言，男性賀爾蒙的確較女性賀爾蒙容易長肌肉，因而肌力訓練的效果就有差別。因此，男性的確較女性容易長肌肉。

Q30 是不是有人適合做肌力訓練，有人不適合呢？（身體或精神方面）

A >> 沒有人會因為身體方面的問題而無法做。

至於精神方面，只要改變方法，就可以解決適不適合的問題。女性通常比較容易按照目標設計一套動作，勤勉不懈進行下去；男性則是設定一個大目標，一口氣增加負荷，這樣比較有幹勁。如此依照個性改變做法比較好。

Q31 空腹做？飯後做？不同時間點做，效果一樣嗎？

A >> 這兩個時間點都不建議。

肌力訓練的時間點，不是空腹時也不是吃飽飯後，建議飯後兩個小時做。一天當中肌肉最活化的時候是傍晚，這時做肌力訓練最有效果。如果傍晚沒辦法做，就選個時間，固定在那個時間做，這樣可以實際感受到那個時間的成效提升。

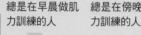

訓練和時間的關係

肌力訓練能發揮的能力

總是在早晨做肌力訓練的人　　總是在傍晚做肌力訓練的人　　平常不做肌力訓練的人

早晨做肌力訓練前　早晨做肌力訓練後　傍晚做肌力訓練前　傍晚做肌力訓練後　早晨做肌力訓練前　早晨做肌力訓練後　傍晚做肌力訓練前　傍晚做肌力訓練後　早晨做肌力訓練前　早晨做肌力訓練後　傍晚做肌力訓練前　傍晚做肌力訓練後

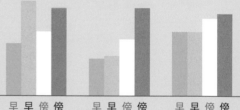

傍晚做肌力訓練效果更好！

Q32 做肌力訓練可以提高代謝嗎？

A >> 代謝會提高，不流汗也沒關係。

所謂代謝（基礎代謝），意指什麼事都不做就消耗掉的能量。同理可證，代謝率提高，卡路里消耗量相對就會提高，成為易瘦體質。因此，想要提高基礎代謝，除了訓練肌肉，別無他法。順帶一提，肌力訓練時所流的汗，不過是身體調節體溫而產生的。因此，剛做完肌力訓練後，體重之所以減少，也不過是因為身體的水分減少而已，並不是真的變瘦了。

Q33　肌力訓練和有氧運動有什麼差異？

A >> **在於是否能接近理想的體型。**

肌力訓練只會鍛鍊到有訓練的部位，可以打造出理想的體型線條；而運動全身的有氧運動，雖可以促進脂肪燃燒，卻無法提高基礎代謝。如此一來，可知肌力訓練與有氧運動最大的差別，是只有肌力訓練能夠提高基礎代謝。

Q34　做肌力訓練能瘦身嗎？

A >> **有效果。**

如果認為「瘦身＝體重減輕」的話，就只能回答很難瘦下去，控制飲食的質和量還比較能看到效果。不過，如果將定義改成「瘦身＝減掉脂肪」，肌力訓練不只可減掉全身的脂肪，還能讓重點部位更有瘦身效果。

Q35　血壓高，不能做激烈運動的人，也可以做肌力訓練嗎？

A >> **建議在醫師的指導下，**
**　　　從輕微的動作開始做。**

因健康因素，被醫師說要禁止運動或是要減少運動的人，可以在醫師的指導下，從負荷輕的動作開始做。

Q36 有沒有腰痛的人也能做的
下半身肌力訓練？

A >> 花點巧思就有辦法。

腰痛的人要鍛鍊下半身非常困難。不過，只要不增加負荷，慢慢活動就能訓練。像是「空氣椅子」等活動量較小的動作，即使是腰痛者也能做。

Q37 肌力訓練可以消除肩頸痠痛嗎？

A >> 可以消除。

肩頸痠痛是因血液流動不順暢導致肌肉僵硬結塊，因此利用伸展操或按摩可以讓這部位放鬆，或是做肌力訓練等運動活動肌肉，讓血液流動順暢，就可以將結塊的肌肉放鬆，進而消除肩頸痠痛。

Q38 可以靠肌力訓練
消除腰痛嗎？

A >> 要看腰痛的原因是什麼。

因肌肉問題導致腰痛，可以靠做肌力訓練消除。若是因為骨頭的原因而導致腰痛，肌力訓練鍛鍊出來的肌肉，就變成自然的護腰，發揮支撐住腰部的作用。

Q39 可以變健康嗎？

A >> 長期做就能變健康。

剛做完訓練後，為了修復肌肉損傷，免疫系統的白血球會啟動，有可能造成其他部位免疫力降低。不過，有報告指出，從長遠目光來看，是會提高免疫力的。此外，由於全身的活動量增加，會變得比較積極，身體也比較不會疲勞，因此就長遠目光來看，做肌力訓練，是可以變健康的。

Q40 做肌力訓練但沒成果的話，會感到不安，要如何消除這種狀況？

A >> 可以找專家商量。

關於肌力訓練的疑問，問專家意見是最好的。到健身房運動的人可以問健身房的教練。其他的人可以在網路上發問。在教練的部落格上發問也不錯。此外，要深信在兩個月內會有效果出現，這點也很重要。

Q41 快動作與慢動作，有差別嗎？

A >> 同樣重量的話，
　　對肌肉發揮作用的負荷會改變。

以舉啞鈴為例，迅速動作時，肌肉會因力學負荷引起肌肉痠痛，可以鍛鍊速肌；慢慢動的話，肌肉會引起化學負荷。就訓練順序而言，建議先對肌肉施加力學負荷，之後再施加化學負荷較好。

> 改變速度，給肌肉不同的刺激！

Q42 遲肌與速肌的鍛鍊方式，有何不同？
（內容的不同及作用）

A >> 這指的是肌纖維。

構成肌肉的肌纖維中，略分成遲肌跟速肌二種。速肌收縮速度比遲肌快 2～3 倍，因此具有瞬間爆發力，而遲肌是具有持久力。每個人的肌肉中肌纖維的數目，以及速肌、遲肌纖維的比例，受遺傳因素影響，出生 5 個月時就已確定，一年後形成。因此肌纖維的數目以及速、遲肌纖維的比例，即使透過後天鍛鍊也無法改變。

遲肌	速肌
這種肌肉適合於要長時間施展固定力量時使用，其力量不如速肌大，此外，無論如何鍛鍊都不會變大塊。	這種肌肉適合用於需要瞬間爆發強大力量時使用。不具持久力，是種可以靠鍛鍊變大塊的肌肉。

 Q43 長了肌肉就較不容易受傷嗎？

A >> 有些情況下較不容易受傷。

年長者的肌力會下降，靠肌力訓練讓肌肉增加的話，在快跌倒時能夠撐一下，較不容易受傷。此外，運動選手在做些和對方撞擊、或和對方互相推拉的運動時，肌肉會保護身體，較不易受傷。

 Q44 要加多少負荷比較好？

A >> 感到痛苦的負荷。

負荷要增加多少？答案是要增加至感到痛苦的程度。例如，一組十次的啞鈴訓練的負荷程度，是到第十次覺得好像舉得上去又好像舉不上去的痛苦地步。「輕鬆舉十次不如痛苦地舉一次」。

Q45 如何增加負荷？此時要怎麼增加負荷呢？

A >> 原本的負荷已經很輕鬆完成後，就要增加負荷。

要有效率地做出效果的話，就要漸進式地增加負荷。以重量為例，假設周一做仰臥推舉時，舉 100 公斤的槓鈴，舉十次 × 三組，很勉強才舉得起來，下次在周四再做這動作時，重量要比上次多 5%，變成 105 公斤，舉十次 × 三組，如此調整負荷。

Q46 做肌力訓練只會覺得很痛苦嗎？

A >> 做肌力訓練並不是最終目的。

在肌力訓練裡，很多人都以為是要鍛鍊意志力，但訓練過程中，最終目的是享受身體的變化及成就感。肌力訓練只不過是要達成這個目的的方法而已。

> 增加負荷，漸漸往自己理想的體態接近！

Q47 想要練成六塊肌，需要做多少量？要做多久？
（一天〇次，一次〇分鐘，〇個月）

A >> 真的很認真做的話，要 3 個月。

很認真做肌力訓練，大約 3 個月可以練出六塊肌。只是練不練得出來和原本的體型也有關係，如果能達到身高 -105 kg ＝體重，且體脂肪 13％的話，做出六塊肌的機會很高。將腹肌練成六塊肌，看起來比較瘦。

> 往自己理想的體態接近吧！

Q48 想打造出倒三角形的體型，需要多少訓練量？

A >> 依你心目中理想的體型而異。

身高 -105 kg ＝體重，且體脂肪 13％，鍛鍊肩膀、背部、腹肌就能達到。

以精瘦型肌肉為目標的人

身高 -110 kg ＝體重，且體脂肪 10％。

以精壯型肌肉為目標的人

身高 -（95 ～ 100）kg ＝體重，且體脂肪 17 ～ 18％。

Q49 蛋白質輔助營養品（Protein）有什麼效果？

A >> 在不攝取過多卡路里的情況下，為了增加肌肉所必需的蛋白質，可以使用蛋白質輔助營養品。

糖分和蛋白質是為了增加肌肉所需的營養素，蛋白質輔助營養品是把蛋白質做成粉末狀的產品。一般飲食中的魚肉、乳製品和黃豆製品，也能獲得蛋白質，但這些食材裡也含有過多的卡路里。因此，蛋白質輔助營養品不僅有效獲得蛋白質，卻不會攝取過多卡路里。

Q50 為了提高效果，要攝取多少蛋白質輔助營養品才好呢？

A >> 一天當中攝取（體重數值 ×2）克，分幾次攝取。

一天的總攝取基準量是（體重數值 ×2）克，不過每次最多只能攝取 20 克。攝取超過 20 克的話，無法消化利用，結果也只是浪費掉而已。一天當中分幾次補充蛋白質輔助營養品，吃正餐時就要減少攝取蛋白質量。就時間而言，至少隔 3 個小時以上再攝取。特別是在訓練完後或睡前攝取的效果最大。

Q51 攝取蛋白質輔助營養品的最佳時機？（飯前、飯後、運動前、運動後）

A >> 訓練完 30 分鐘內。

為了有效攝取蛋白質輔助營養品，運動後 30 分鐘內是攝取的黃金時段，但要注意的是，攝取過多仍舊會胖。如同 Q50 提到的，一次最多只能消化 20 克，想要練成小塊肌肉的人，在有訓練的日子裡攝取就好了。

Q52 只攝取蛋白質輔助營養品就會長肌肉嗎？

A >> 能維持肌肉量，不過沒辦法長肌肉。

不運動只攝取蛋白質輔助營養品，或是在平常的飲食上完全不吃蛋白質，只靠蛋白質輔助營養品攝取蛋白質，結果會如何呢？這樣雖然蛋白質合成會增加，但不會分泌賀爾蒙，所以無法長肌肉。不過卻能維持肌肉量。

> 聰明攝取蛋白質輔助營養品吧！

Q53 蛋白質輔助營養品搭配牛奶喝比較好嗎？

A >> 配水喝也可以。

蛋白質輔助營養品可以加水或牛奶一起喝，若是吃乳清蛋白，則搭配豆奶喝比較好。與其把兩種同樣的蛋白質結合，搭配和蛋白質輔助營養品不同種類的東西結合比較好。

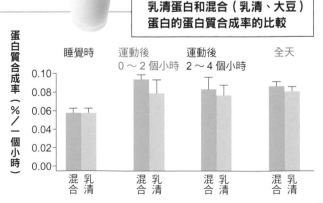

乳清蛋白和混合（乳清、大豆）蛋白的蛋白質合成率的比較

Q54 即使不吃蛋白質輔助營養品，只要吃蛋白質都可以嗎？

A >> 蛋白質輔助營養品是食物。

重要的是將攝取蛋白質輔助營養品當成飲食生活的一環，若是想以肉類來補充蛋白質，會有攝取過多脂肪的危險。把蛋白質輔助營養品視為是種高蛋白低卡路里的食物比較好。

Q55 乳清蛋白是什麼？

A >> 乳清蛋白＝從牛奶萃取出來的東西（含最多 BCAA）。

優酪乳會流出一些清澈的液體，那就是乳清，據說這是和肌肉很接近的成分。其他還有從黃豆抽取出來的大豆蛋白（大豆異黃酮和女性賀爾蒙有同樣的功效，建議女性攝取）、從牛奶的乳清以外的部分做出來的酪蛋白（吸收較慢，所以睡前吃比較好）。

做肌力訓練時，飲食也是重要的訓練喔！

Q56 BCAA 是什麼？

A >> 是分解蛋白質後的胺基酸的一部分。

BCAA（Branched Chain Amino Acid，支鏈胺基酸）。身體裡有 20 種胺基酸，其中 3 種是 BCAA（白胺酸 leucine、異白胺酸 isoleucine 和頡胺酸 valine），這些最容易刺激肌肉合成，可有效幫助長肌肉。只要吃蛋白質輔助營養品的三分之一的量就夠了，如此可以吃進較少的卡路里。對那些真的想要讓肌肉增大的人，不妨試試 BCAA，但由於價格較高，且帶苦味，不像蛋白質輔助營養品那麼好入口，所以只適用於運動選手。

Q57　一定要吃 BCAA 嗎？

A >> 只吃蛋白質輔助營養品就夠了。

BCAA 之所以吸引人的地方，在於其所需的攝取量比蛋白質輔助營養品少，就能達到一樣的效果，但價格高，且味道不佳，一般人較難接受。因此，依個人喜好選擇自己喜歡的。

Q58　有必要吃保健食品嗎？

A >> 沒有特別需要。

無需特別攝取其他保健食品，但是在訓練過程中，若是有能消除疲勞的綜合維他命及鈣片，也是不錯。尤其適量攝取鈣質，也有抑制脂肪囤積的效果。

Q59　鍛鍊時建議的飲食內容是什麼？　可以吃和平常一樣的食物嗎？

A >> 低脂肪、高蛋白質食物。

做肌力訓練時，最重要的飲食應該是低脂肪高蛋白質的食物。一般飲食上注意不要攝取過多脂肪，避免油炸食物，同時要均衡攝取肉、魚、乳製品、黃豆製品等蛋白質。

Q60　不管喝什麼飲料都可以嗎？　（不能喝酒嗎？那茶呢？只能喝水？可以喝果汁嗎？）

A >> 水和茶最合適。

因為糖份會產生熱量，因此飲料方面，建議以水和茶為佳，真受不了誘惑，低糖可樂也可以，但酒類因卡路里很高，且會抑制蛋白質合成，最好少碰。不過也不要因為太嚴格限制而導致壓力，影響訓練意願，少量的接觸還是被允許的。

100項自重肌力訓

The foundations of the prudence

練的基本動作

muscle training 100

為什麼要做自重肌力訓練呢？

長久以來，想要做肌力訓練時都以為只能到健身房舉很重的啞鈴或槓鈴等，這樣的方式不但麻煩，而且突然的訓練容易讓身體受傷。因此，以自己體重做增肌的訓練，不但不容易受傷且不受場地、器械的限制，而且每天用 20 ～ 30 分鐘的時間在家就可以完成，近來已成為做肌力訓練的新寵方式。自重肌力訓練搭配穩定的項目，連深層的小塊肌肉都可以鍛鍊到。同時，利用體重當負荷的訓練多是和日常生活動作相關聯的動作，容易抓到訣竅，可以和自己的身體對話，容易在日常生活中持續訓練下去。自重肌力訓練至少要持續兩個月以上，讓之前鬆懈的身體恢復到動態身體後，再進行重量訓練比較好。

運動不夠的人做這些項目吧！

先做做這四個項目。

伏地挺身主要鍛鍊胸肌，仰臥起坐主要鍛鍊腹部，深蹲主要鍛鍊大腿，這三項是在自重肌力訓練當中最重要的項目。這些項目除了可以鍛鍊目標肌肉，也可以鍛鍊其他肌肉，伏地挺身還可以鍛鍊上臂，以及腹橫肌等深層肌肉。深蹲也是一樣，除了可鍛鍊大腿之外，也可以鍛鍊腹直肌，這些都是可鍛鍊多處肌肉的複合項目。因此剛開始只做這三項就夠了，不過如果再加上可以鍛鍊背肌的毛巾滑輪下拉運動，就可以鍛鍊到大胸肌、腹肌、大腿、背肌這四塊肌肉。剛開始的三個星期內，只要做到右頁那張表上所寫內容，就可以讓鬆懈的身體有一定程度的結實度，請務必努力看看。

深蹲
Squat

主要是訓練大腿部位，不過也對腹肌有效，因此一定要做。星期二和星期五各做 20 次 ×3 組。詳細內容請看 112 頁。

仰臥起坐
Crunch

仰臥起坐正是腹肌運動裡最正宗的項目，剛開始只要肩胛骨能離開地板就 OK。星期一和星期四各做 15 次 ×3 組。詳細內容請看 66 頁。

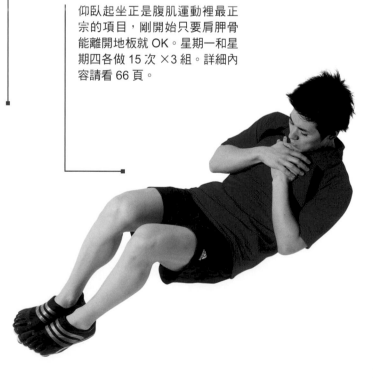

儘管只是利用自己的體重當負荷做肌力訓練，對那些平常完全沒運動習慣的人而言，最初的三個星期只單做四個訓練項目就好，先讓身體習慣活動。同時，這四項是利用自己體重當作負荷的項目裡最重要的項目。

伏地挺身
Push Up

只把背脊到腳跟成一直線，也可練到身體的各個部位，星期一和星期四各做 12 次×3 組。詳細內容請看 46 頁。

毛巾下拉
Towel Lat Pull

這個項目主要可鍛鍊廣背肌，用普通的毛巾做做看吧，星期二和星期五各做 10 次×3 組。詳細內容請看 101 頁。

三個星期內的組合

	一			二		三		四			五		六	日
項目號碼	項目	次數 × 組數	項目號碼	項目	次數 × 組數		項目號碼	項目	次數 × 組數	項目號碼	項目	次數 × 組數		
1	伏地挺身	12 次 × 3 組	64	毛巾下拉	10 次 ×3 組	休息	1	伏地挺身	12 次 × 3 組	64	毛巾下拉	10 次 ×3 組	休息	休息
24	仰臥起坐	15 次 × 3 組	77	深蹲	20 次 ×3 組		24	仰臥起坐	15 次 × 3 組	77	深蹲	20 次 ×3 組		

COLUMN 關於做肌力訓練的時機及補充水分、營養素

當我在編輯肌力訓練的解說書時，讀者最常問的一個問題是一天當中什麼時候最適合做肌力訓練呢？還有要做多久以及飲食的時機要怎麼調配？最理想的訓練時機是傍晚～晚上七點左右，不過上班族很難在這個時間做，應該會更晚一點吧！飯後兩個小時左右做也算是理想時間，不過如果吃過晚飯已經很晚的話，就先吃個飯糰墊墊肚子，30 分鐘後開始做也可以。訓練時，要隨時補充水分，不要等到口渴了才喝水。還有蛋白質輔助營養品（詳細內容請看 22 ～ 23 頁）原則上在肌力訓練後 30 分鐘內攝取！

補充水分
準備自己喜歡的水或是運動飲料，在訓練當中隨時補充水分。

營養補給
既然刻意做了嚴格的肌力訓練，總是希望能多長一些肌肉吧。所以聰明活用蛋白質輔助營養品吧！

COLUMN 可準備這些輔助道具！

雖然不會用到啞鈴、槓鈴等各種肌力訓練機器，也就是不會用到所謂重量訓練時用的器材，不過可以準備以下這些自重肌力訓練的道具，也可讓動力持續下去。

環保袋
隨手拿到的環保袋即可，可放入寶特瓶飲料或書調節重量。

毛巾
準備比洗臉用毛巾更大條的毛巾，浴巾就太大條了，長度方面，近一公尺的長度是最理想的。

抗力球
抗力球是一定要的道具，即使是自重肌力訓練項目，也是一在抗力球上做，就能增加強度。

平衡訓練氣墊
如果可能的話，希望能準備平衡訓練氣墊，在購物網站上大概600 ～ 700 元可以買得到。

mobiban
在需要使用彈力拉繩的項目上，希望能準備 mobiban。

五指鞋
為了預防受傷，即使是在房間裡做訓練，也要穿上鞋子，如果能再穿上五指鞋，就更能保護到腳趾。

依照目的選擇訓練項目
並加以活用

看到此書的運動選手，建議從 100 個動作項目當中，
選出適合運動特性的訓練項目，加以活用。
比嘉先生特別幫我們選出適合各種運動的必做項目。

頂尖運動選手也會做的自重肌力訓練

不常運動的人做自重肌力訓練效果顯著，在 P26 也提到，
從避免受傷的觀點來看，也是希望大家能先做自重肌力訓練，
那麼對於以頂尖運動選手為目標的選手們來說，
自重肌力訓練對他們有效嗎？答案是有效的！
本書裡有許多訓練項目，對職業運動選手來說，
也是屬於有效的嚴峻項目，同時提供不少可以提高強度的方法，
及以意識強化鍛鍊的部位，對肌力的訓練，有極大的成效。
書中每個運動設計出來的動作內容，
一天只要花 10 ～ 20 分鐘就可以完成的 3 個項目，
基本上周一和四、周二和五、周三和六是同樣的內容，周日完全休養。
※ 項目號碼上有＊記號的動作項目在 P128-137〈穩定度訓練〉有詳細的解說。

準備篇 ②

高爾夫 >>Golf

打高爾夫時，想要讓球多飛一碼，或是為了穩定地揮桿，並不是靠臂力就可以達成。確實鍛鍊下半身及強化腹斜肌等軀幹部位是不可或缺的。

高爾夫者的周計畫

項目號碼	一 項目	次數×組數	項目號碼	二 項目	次數×組數	項目號碼	三 項目	次數×組數	項目號碼	四 項目	次數×組數
86	側弓步	15次×3組	47	扭腳	20次×3組	64	毛巾下拉	20次×3組	89	側弓步	15次×3組
92	後傾深蹲	15次×3組	49	脊椎側彎手碰腳跟	20次×3組	69	捲背伸展	20次×3組	92	後傾深蹲	15次×3組
97	臥式腿彎曲	15次×3組	*11	坐姿旋轉身體	15次×3組	16	彈力拉繩法式負荷	20次×2組	97	臥式腿彎曲	15次×3組

項目號碼	五 項目	次數×組數	項目號碼	六 項目	次數×組數	日
47	扭腳	20次×3組	64	毛巾下拉	20次×3組	休息
49	脊椎側彎手碰腳跟	20次×3組	49	捲背伸展	20次×3組	
*11	坐姿旋轉身體	15次×3組	16	彈力拉繩法式負荷	20次×2組	

衝浪 >>Surfing

衝浪是需要極致平衡感的運動，強化軀幹部的肌肉以及划槳時需要用到的胸肌，及不可缺少上臂的鍛鍊，都是必要的。冬天寒流來襲無法到海邊的日子裡，就努力在陸地上做做自重肌力訓練吧！

衝浪者的周計畫

項目號碼	一 項目	次數×組數	項目號碼	二 項目	次數×組數	項目號碼	三 項目	次數×組數	項目號碼	四 項目	次數×組數
8	搖擺伏地挺身	20次×2組	*1	人體天橋	60秒×2組	23	手掌延伸	12次×3組	8	搖擺伏地挺身	20次×2組
4	單邊伏地挺身	20次×2組	*4	舉手抬腳人體天橋	60秒×2組	22	蜥蜴爬行	15次×3組	4	單邊伏地挺身	20次×2組
2	狹窄伏地挺身	20次×2組	*11	坐姿旋轉身體	15次×3組	12	手掌彎曲	15次×3組	2	狹窄伏地挺身	20次×2組

項目號碼	五 項目	次數×組數	項目號碼	六 項目	次數×組數	日
*1	人體天橋	60秒×2組	23	手掌延伸	12次×3組	休息
*4	舉手抬腳人體天橋	60秒×2組	22	蜥蜴爬行	15次×3組	
*11	坐姿旋轉身體	15次×3組	12	手掌彎曲	15次×3組	

足球（五人制足球） >>Soccer (futsal)

如同因長友選手及本田選手的訓練而被大家所知的，利用自己的體重做軀幹部訓練很重要，做腹直肌、腹斜肌、廣背肌和豎脊肌的項目，集中鍛鍊腿部、臀部等。

足球選手的周計畫

項目號碼	一 項目	次數×組數	項目號碼	二 項目	次數×組數	項目號碼	三 項目	次數×組數	項目號碼	四 項目	次數×組數
78	單腳深蹲	20次×2組	27	指尖碰腳跟仰臥起坐	30次×3組	92	後傾深蹲	20次×3組	78	單腳深蹲	20次×2組
84	動態弓步	20次×2組	70	跳傘式背部伸展	20次×3組	70	跳傘式背部伸展	20次×2組	84	動態弓步	20次×2組
86	側弓步	20次×2組	52	側邊抬臀	20次×3組	98	單腳臥式腿彎曲	20次×3組	86	側弓步	20次×2組

項目號碼	五 項目	次數×組數	項目號碼	六 項目	次數×組數	日
27	指尖碰腳跟仰臥起坐	30次×3組	92	後傾深蹲	20次×3組	休息
70	跳傘式背部伸展	20次×3組	70	跳傘式背部伸展	20次×2組	
52	側邊抬臀	20次×3組	98	單腳臥式腿彎曲	20次×3組	

棒球 >>Baseball

棒球包含了投球、打球、跑壘、守備等集結了運動的所有要素，因此需要多樣化的綜合訓練內容。比嘉先生特別為棒球員設計好了所須的訓練組成，請務必參考。

棒球選手的周計畫

項目號碼	一 項目	次數×組數	項目號碼	二 項目	次數×組數	項目號碼	三 項目	次數×組數	項目號碼	四 項目	次數×組數
5	拍手伏地挺身	20次×3組	47	扭腳	20次×3組	85	後弓步～腳後收弓步～旋轉後弓步	20次×3組	5	拍手伏地挺身	20次×3組
4	單邊伏地挺身	20次×2組	50	旋轉仰臥起坐	30次×2組	80	扭捏深蹲	15次×2組	4	單邊伏地挺身	20次×2組
19	直立肱三頭肌	20次×3組	60	彈力拉繩下拉	20次×3組	91	單腳硬舉	20次×3組	19	直立肱三頭肌	20次×3組

項目號碼	五 項目	次數×組數	項目號碼	六 項目	次數×組數	日
47	扭腳	20次×3組	85	後弓步～腳後收弓步～旋轉後弓步	20次×3組	休息
50	旋轉仰臥起坐	30次×2組	80	扭捏深蹲	15次×2組	
60	彈力拉繩下拉	20次×3組	91	單腳硬舉	20次×3組	

網球 >>Tennis

打網球時需要迅速往前後左右移動，殺球時還需要爆發力，除了強化下半身，也需要強化軀幹，不妨試著做做以下的訓練內容。

網球選手的周計畫

項目號碼	項目	次數×組數	項目號碼	項目	次數×組數	項目號碼	項目	次數×組數	項目號碼	項目	次數×組數
	一			二			三			四	
6	單邊移動伏地挺身2款	20次×3組	49	脊椎側彎手碰腳跟	30次×3組	63	彈力拉繩上舉	20次×3組	6	單邊移動伏地挺身2款	20次×3組
9	蚱蜢伏地挺身	20次×2組	31	4面向仰臥起坐	30次×2組	94	早安體前屈	20次×3組	9	蚱蜢伏地挺身	20次×2組
3	肩膀伏地挺身	10次×2組	*8	臂腿側抬平板支撐	60秒×3組	86	側弓步	20次×3組	3	肩膀伏地挺身	10次×2組

項目號碼	項目	次數×組數	項目號碼	項目	次數×組數	日
	五			六		
49	脊椎側彎手碰腳跟	30次×3組	63	彈力拉繩上舉	20次×3組	休息
31	4面向仰臥起坐	30次×2組	94	早安體前屈	20次×3組	
*8	臂腿側抬平板支撐	60秒×3組	86	側弓步	20次×3組	

登山 >>Mountain climbing

最近很流行登山活動，大家都喜歡到山裡呼吸新鮮空氣。為了減少登山事故，更不要忍著痛爬山，請按照以下這個強化下半身及軀幹的計畫表好好鍛鍊吧！

登山者的周計畫

項目號碼	項目	次數×組數	項目號碼	項目	次數×組數	項目號碼	項目	次數×組數	項目號碼	項目	次數×組數
	一			二			三			四	
96	臀部外旋	30次×2組	84	動態弓步	30次×2組	*9	人體天橋	60秒×2組	96	臀部外旋	30次×2組
97	臥式腿彎曲	20次×2組	72	毛巾背部伸展	20次×2組	32	膝碰胸	30次×2組	97	臥式腿彎曲	20次×2組
93	椅上保式深蹲	20次×3組	69	捲背伸展	20次×2組	74	仰臥單腳提臀	20次×2組	93	椅上保式深蹲	20次×3組

項目號碼	項目	次數×組數	項目號碼	項目	次數×組數	日
	五			六		
84	動態弓步	30次×2組	*9	人體天橋	60秒×2組	休息
72	毛巾背部伸展	20次×2組	32	膝碰胸	30次×2組	
69	捲背伸展	20次×2組	74	仰臥單腳提臀	20次×2組	

騎腳踏車 >>Bicycle

越來越多人把騎自行車當成運動之一，同時為了參加鐵人三項運動（游泳、單車、賽跑三項全能賽）等騎單車的人，編了一套以強化下半身為主的訓練內容，當然也包含了確實強化軀幹的內容。

單車族的周計畫

項目號碼	一 項目	次數×組數	項目號碼	二 項目	次數×組數	項目號碼	三 項目	次數×組數	項目號碼	四 項目	次數×組數
78	單腳深蹲	15 次×3 組	93	椅上保式深蹲	20 次×3 組	67	手腳交替對舉	20 次×2 組	78	單腳深蹲	15 次×3 組
87	保式單腿深蹲	30 次×2 組	71	坐姿背部伸展	20 次×3 組	36	雙腳靠牆 V字仰臥起坐	30 次×2 組	87	保式單腿深蹲	30 次×2 組
90	單腳小腿上提	50 次×2 組	99	挺直硬舉	30 次×3 組	61	彈力拉繩上拉	30 次×2 組	90	單腳小腿上提	50 次×2 組

項目號碼	五 項目	次數×組數	項目號碼	六 項目	次數×組數	日
93	椅上保式深蹲	20 次×3 組	67	手腳交替對舉	20 次×2 組	休息
71	坐姿背部伸展	20 次×3 組	36	雙腳靠牆 V字仰臥起坐	30 次×2 組	
99	挺直硬舉	30 次×3 組	61	彈力拉繩上拉	30 次×2 組	

馬拉松 >>Marathon

以參加比賽為目的，或是僅為健康而跑步者，靠以下計畫表訓練的話，可以提高肌力，跑起來會更輕鬆。

馬拉松跑者的周計畫

項目號碼	一 項目	次數×組數	項目號碼	二 項目	次數×組數	項目號碼	三 項目	次數×組數	項目號碼	四 項目	次數×組數
82	空氣座椅	90 次×2 組	29	V-up 仰臥起坐	30 次×3 組	63	彈力拉繩上舉	20 次×3 組	82	空氣座椅	90 次×2 組
84	動態弓步	30 次×2 組	70	跳傘式背部伸展	20 次×3 組	100	單腳挺直硬舉	20 次×3 組	84	動態弓步	30 次×2 組
90	單腳小腿上提	50 次×2 組	*1	人體天橋	120 次	97	臥式腿彎曲	30 次×3 組	90	單腳小腿上提	50 次×2 組

項目號碼	五 項目	次數×組數	項目號碼	六 項目	次數×組數	日
29	V-up 仰臥起坐	30 次×3 組	63	彈力拉繩上舉	20 次×3 組	休息
70	跳傘式背部伸展	20 次×3 組	100	單腳挺直硬舉	20 次×3 組	
*1	人體天橋	120 次	97	臥式腿彎曲	30 次×3 組	

肌力訓練也是最適合
用來瘦身的運動

肌力訓練可以集中瘦某些部位嗎？

想靠做肌力訓練集中瘦某些部位，或許無法達成這個要求，但是做運動時也控制飲食，則可以讓身體變得更結實，同時鍛鍊的部位也會相對較其他部位更結實。

一般人都知道賀爾蒙是從內臟分泌出來的，不過這幾年有研究發現，肌肉只要有一定以上程度收縮，也會對其周圍組織分泌出賀爾蒙，就是所謂「肌肉激素」（Myokine）。其中被稱作 IL-6（介白素6）的細胞激素，不僅有抑制發炎的作用，也被證實有促進細胞分解的作用。（Stallknecht B ら，2007）

理論上來說，肌力訓練是給身體強大的負荷，藉此讓肌肉收縮，可能可以促進其周圍脂肪組織的分解。但這項觀點尚未獲得科學的證實，但支持此理論的研究報告卻不少。

2012 年芬蘭的 Heinonen I 等人發現，在單腳做運動，單腳休息的條件下，抽取運動前和運動後的血液，測量血液中的甘油，發現做運動的那隻腳血液中的甘油數值提高。由此結果可認為有運動的部位脂肪被分解了，釋放到血液當中。

但如同第一段就提及，基本上鍛鍊的過程中，特定鍛鍊的部位只會比其他部位更結實一點而已。

說到對瘦身有效的運動，大家通常會想到有氧運動，但若能在做有氧運動前，先做肌力訓練增加肌肉量、提高基礎代謝，可以變成不易變胖的體質。
為了保持吃了也不會胖的肌肉體質，肌力訓練在瘦身上是必需的。

為了瘦身而設計的肌力訓練內容

我們之所以要瘦身，是因為運動量不夠，所以剛開始 3 周，先做 P28-29 的訓練內容，之後再做以下的訓練。因為正在做肌力訓練，所以飲食要更加注意。具體而言，晚上 9 點到早上 6 點間，不要吃任何固體食物；三餐要定時吃，依湯→青菜→植物性蛋白質→動物性蛋白質→碳水化合物的順序進食，晚上若要吃碳水化合物，份量只能是平常的一半。單單是上述的這些方法，在瘦身上也有明顯效果。

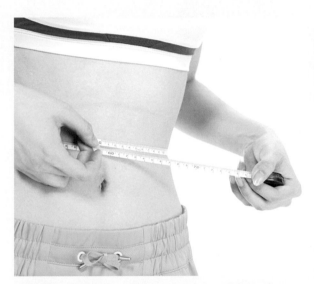

只把體重、體脂肪率、腰圍記錄下來，也容易變瘦。

瘦身者的周訓練

整體瘦身	一	次數 × 組數	二	次數 × 組數	三	次數 × 組數	四	次數 × 組數
	基礎版仰臥起坐	20 次 ×2 組	伏地挺身	30 次 ×3	毛巾上拉	12 次 ×3 組	健走	30 分鐘
	扭腳	15 次 ×3 組	狹窄伏地挺身	20 次 ×2 組	原地弓步	20 次 ×3 組		

整體瘦身	五	次數 × 組數	六	次數 × 組數	日	次數 × 組數
	基礎版仰臥起坐	20 次 ×2 組	伏地挺身	30 次 ×3 組	毛巾上拉	12 次 ×3 組
	扭腳	15 次 ×3 組	狹窄伏地挺身	20 次 ×2 組	原地弓步	20 次 ×3 組

關於訓練的頻率及休養

無論是否出現肌肉痠痛，做肌力訓練時，訓練和休養是很重要的要素。

什麼是肌肉痠痛的真面目？

肌肉痠痛並不是突然拿重物時，肌肉瞬間崩壞的結果，假使做完運動或訓練後，馬上有痛感，有可能是肌肉斷裂或肌肉拉傷等問題。那麼，什麼是肌肉痠痛呢？

肌肉痠痛是因高強度的離心收縮，讓肌肉的最小單位肌節以某個程度伸展的力學性刺激所引起的。如此一來，肌肉細胞內因鈣離子濃度升高，切斷鈣蛋白酶這個細胞骨骼（肌肉的小零件）的蛋白質就出現了，肌節的配置就開始混亂，而變形或歪斜。同時肌肉纖維開始分解，免疫系統的巨噬細胞和白血球、各種 IL（介白素）系列的細胞激素也開始發揮作用，導致肌肉纖維分解或發炎。此時，疼痛物質的「組織胺」和「緩激肽」等會集中於肌肉痠痛的部位，而讓人感到疼痛。

最近的研究表示，肌肉痠痛不過是敏感性疼痛，研究中認為若肌肉損傷＝肌肉痠痛的話，其疼痛程度應該比損傷程度大很多。

關於肌肉痠痛，尚有許多未知的探索，期待今後的研究發展。

但，若運動完沒有出現肌肉痠痛的情況，是否就等於白訓練？實際上並不是的。為了讓肌肉變大塊，而給予肌肉的刺激可分為兩大類，即力學負荷與化學負荷。

力學負荷指的是「將重物舉上舉下」般，直接對肌肉給予刺激，也就是一般引發肌肉痠痛的刺激。

另一方面，化學負荷是以緩慢訓練或加壓訓練等給予肌肉代謝性的刺激，從身體內部分泌出賀爾蒙或代謝副產物等物質刺激肌肉。

做訓練時，得考量到給予肌肉力學及化學的雙重刺激。

做訓練的人幾乎都會肌肉痠痛，藉由了解引起肌肉痠痛的機制，可知道肌肉痠痛的原因，然後確實知道訓練和休養之間的重要性。

訓練的頻率與肌肉痠痛

肌肉痠痛時，想繼續做訓練也沒問題，不過沒必要這麼做。

舉兩個例子來說明。

2002 年，野坂等人做了離心收縮運動而衰弱的肌肉復原實驗，其中一組在肌肉復原前，每三天再做第二次及第三次同樣的離心收縮運動，讓肌肉衰弱，藉以比較這兩組的肌肉復原過程。結論發現只做一次運動和做好幾次運動的人比起來，肌肉幾乎是在同一個時期復原，而且，即使在復原前給予高度刺激，肌肉衰弱也只到某個程度就停止了。

Pollock 等人則對同一個部位做了為期 3 個月、不同頻率的訓練，結果一周做兩次的肌肉增加最大塊。假設一周做兩次效果為 100％的話，一周做一次的效果約為 35％；一周做三次的效果約為 70％，兩周做一次的效果約為 5％。

從野坂及 Pollock 這兩組人做的實驗看來，即使在肌肉痠痛時做訓練是不會有壞處，但為了讓肌肉有效率增加，實行訓練計畫時，規劃一周兩次不太勉強自己的計畫表比較好！！

（文：比嘉一雄）

關於訓練的強度

訓練的負荷並非只在重量，次數、組數、速度及間隔的時間等，都是影響訓練的要素。

強度的觀念

為了達成自己理想的體型，適當的肌力訓練是必要的。為達成此目標，調節訓練強度也是必要的。許多人一提到加強訓練強度時，立刻想到的就是「重量」，但這本書以自重肌力訓練為主，即使在負荷上做增減，也不會有多大的改變。

強度除了「重量」以外，還有許多要素構成，只要改變這些要素，就可做出各種變化。「重量」以外的要素可舉出「次數」、「組數」、「收縮速度」、「每組間的間隔」等。

在無法有教練指導情況下做肌力訓練時，最難的地方在於強度的設定。
強度不單純只是負荷重量，與收縮的速度及每組間的休息時間也有關係。
依照次數和組數等可設定各種強度，在此請大家來學習關於強度的觀念。

次數和組數

首先了解次數。在一定負荷下，能進行動作的最大次數稱為 RM
（Repetition Maximum），一個動作好不容易才能做到 10 次就稱為
10RM，若負荷較輕，能進行動作的次數就較多。但次數不同，對身體
產生的影響也不同。1988 年美國運動科學權威 Kraemer 等人整理出一
份系統表，即 1 ～ 5RM 是「強化肌力」，8 ～ 12RM 是「肌肉肥大」，
15RM 是「肌力持久力」。

即使做很多組數，肌肉也會適應，所以做 3 組就好。只要每一組扎實做好，
都能有明顯訓練效果。若真想做更多組數的話，就換別的項目做。

收縮速度和每組間的間隔

「收縮的速度」在自重肌力訓練的變化中是最重要的，它意指關節做彎曲
及伸直所花的時間。所有項目的正常速度都是花 1 ～ 2 秒往上，再花 1 ～
2 秒往下，若比這個速度快，就會因反動力而讓力學負荷增加，也會讓一
組內做的次數比平常多。如果比這個速度慢且嚴謹的話，會限制了持續因
肌肉收縮產生的血液流動，而讓化學負荷增加，也會讓一組內能完成的次
數比正常次數少！

最後要談的是每組間的間隔。間隔越短，痛苦指數當然會增加，曾有段時
期大家都強調間隔短才能促進成長賀爾蒙分泌量增加，但現在已知間隔長
短和強度沒什麼關係。因為間隔短的話，肌肉內來不及供給能量，下一組
能完成的次數就比較少，整體看來次數會減少。如此一來，從長遠眼光看
來，對肌肉發展程度沒什麼不同。如果真的很忙沒有空做足全部的內容，
就把間隔縮短；時間較多時，間隔可以拉長一點。但最重要的是，每一組
都要扎實、盡全力做好。

（文：比嘉一雄）

訓練前的 8 項伸展操

做訓練前，做伸展操或慢跑暖身吧！

伸展肌肉能提高伸縮性，也可以預防受傷，效用很大。
不僅如此，還可以保持肌肉的柔軟性，
例如扮演揉捏血管幫浦作用的小腿，
透過伸展操可以提高血液循環，讓體溫上升，讓身體溫熱。
因此即使是不做肌力訓練的日子裡，也希望能做伸展操。
特別是冬天，要讓身體溫熱，提高體溫。體溫升高，
免疫力就會提高，百利而無一害。

此外，做肌力訓練前，不妨以慢跑來暖身。
夏天約略跑 5 ～ 7 分鐘，冬天則跑 10 ～ 12 分鐘，
就可以讓身體暖起來。

做完激烈的肌力訓練後，做做伸展操或慢跑，
就可以減輕肌肉痠痛，不會累積疲勞，
因此強烈建議訓練後的伸展操或慢跑不可少。

大腿前面 >

身體保持垂直，視線往
正前方看。單腳站立，
抓住另一隻腳的腳踝，
往後拉。讓腳跟碰到臀
部更有效。另一隻腳重
複相同動作。

覺得自己運動量不夠、或是在冬天始做訓練，不妨在訓練前先做做伸展操。
為了讓所有的人在夏天時也能做肌力訓練，因此設計出一套花最少時間就能完成的伸展操。
做這些幾乎就能活動到所有重要的部位，希望大家能記住這 8 項。

腳後面 >

單腳往前站一步，身體往前彎，雙手往前伸出，盡量碰到往前站的單腳腳背。保持雙腳膝蓋伸直的狀態，臉往上抬，向前看。另一隻腳重複相同動作。

臀部 >

單腳站立，另一隻腳彎曲，腳踝放在站立那隻腳的膝蓋上。保持這個姿勢，膝蓋彎曲，此時，注意背部不要彎曲，視線往正前方看。另一隻腳重複相同動作。

腹部和脊椎 >

雙腳張開與肩同寬，身體稍微往前彎，保持這個姿勢，雙手往左右擺盪，意識到指尖和手肘，盡量擺盪到高處。頭不跟著晃動，臉往上抬，視線看向正前方。

準備篇 **6**

肩膀周圍 >

雙腳張開與肩同寬，一隻手往前水平伸出，保持水平，利用手肘帶著腰部往後旋轉，此時視線盡可能看向正前方。另一隻手重複相同動作。

大腿內側 >

雙腳張開，比肩寬一點，雙手叉腰。單腳伸出去，把腰慢慢往下沉，此時身體稍微往伸出去的那隻腳那方傾斜。另一隻腳重複相同動作。

側腹 >

雙腳張開與肩同寬，雙手在頭上交握。身體往一側傾斜，另一側的腳往站直的那隻腳後方交叉。此時背部不要拱起，視線盡可能往正前方看。另一隻腳重複相同動作。

髂腰肌和腳的前面 >

單腳抬起，讓膝蓋成90度彎曲，抬起的那隻腳往後跨出一大步，手往頭上舉，身體轉向前腳的那一側。此時視線看向後面。另一隻腳重複相同動作。

Part. 1
胸肌

> BREAST

由訓練大胸肌為主的胸部肌力訓練項目開始，只要改變手放置的寬度和位置，即使是常見的伏地挺身，也有不少變化版，「可鍛鍊到的」部位也會不同。

Contents

Target
胸肌

寬厚的胸部是無論男女都憧憬的最極致的身體線條，而胸部的肌肉，是上半身裡最大塊的肌肉之一，特別是以大胸肌為主。胸肌是把臂力等上半身力氣發揮到極限的最重要部位。

挑戰厚實的胸部
伏地挺身
PUSHUP

大家可能會認為伏地挺身是在鍛鍊手臂的肌肉，不過實際上，伏地挺身可以綜合鍛鍊到大胸肌、肩膀的三角肌、上臂等，對上半身而言，是個萬能的鍛鍊動作。

COUNTS
20 **次**×3**組**

趴著，兩隻手的寬度約為肩寬的 1.5 倍，兩手撐直，手指朝向正前方，做出準備動作。

胸部、腰部、膝蓋、腳成一直線，手臂彎曲，手肘往外。

彎曲手肘直至胸部幾乎碰觸到地板，注意不要讓屁股翹起來，或是整個身體呈〈字形。

NG!

腰部切勿反折

腰部一旦反折，不僅對腰部造成負擔，同時變成訓練胸肌下面，對於大胸肌的鍛鍊完全沒有幫助。

POINTS

祕訣是肩胛骨靠近

若如左圖，肩胛骨和肩胛骨間呈現張開的狀態，就無法鍛鍊到大胸肌。因此在做此動作時，盡可能讓肩胛骨間的距離縮小，不僅可以讓大胸肌變大，也可練到三角肌等部位。

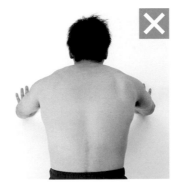

伏地挺身變化版

試著提高強度
腳置長凳伏地挺身
FOOT-ON BOX BENCH PUSHUP

>>

趴著，將腳放在長凳上，在家裡可用椅子代替。兩隻手的寬度約為肩寬的 1.5 倍，兩手撐直，手指朝向正前方，做出準備動作。

降低強度的做法
膝蓋著地伏地挺身
KNEE-ON GROUND PUSHUP

>>

女性或年長者等無法做到基礎版伏地挺身者，可讓膝蓋著地，降低強度。

上兩頁的伏地挺身是基本動作，習慣後，可以改變負荷，
或是改變用力的肌肉位置，鍛鍊不同的地方。

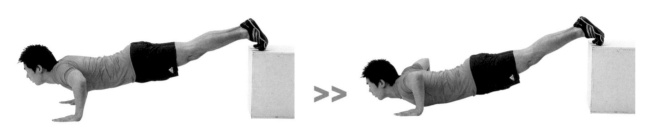

手指尖朝向正前方，手肘朝外彎曲，將身體
往下壓，胸部、腰部、膝蓋、腳呈一直斜線。

彎曲手肘直至胸部幾乎碰觸到地板，一開始
以 10 次為目標，注意隨時要保持全身呈一
直斜線的美麗姿勢。

趴著，兩隻手的寬度約為肩寬的 1.5 倍，兩
手撐直，指尖朝向前方，膝蓋著地。

手指尖朝向正前方，手肘朝外彎曲，將身體
往下壓，直至胸部幾乎碰觸到地板。

伏地挺身可說是所有肌力訓練的基礎，除了用來鍛鍊手臂和胸肌外，維持住準備動作的姿勢，也是一種穩定度的練習。因此對全身各部位來說，都有其訓練效果，故被稱為是肌力訓練的基礎。

用抗力球挑戰
手置球上伏地挺身
HAND-ON BALANCE BALL PUSHUP

將手放在抗力球上方，兩隻手的寬度約為肩寬的 1.5 倍。

單腳抬起增加強度
單腳伏地挺身
ONE LEG PUSHUP

先做出基礎的伏地挺身姿勢，兩隻手的寬度約為肩寬的 1.5 倍，然後單腳抬起。

把腳放在抗力球上
腳置球上伏地挺身
FOOT-ON BALANCE BALL PUSHUP

將雙腳放在抗力球上，這個動作比腳放在長凳上的強度還高。

從現在開始，依照部位，介紹超過 100 項的自重訓練動作，除了可以訓練
到想要鍛鍊的部位外，只要腹部確實用力，加上用正確姿勢訓練，也可以
「練到」身體內部各種肌肉。盡可能完全模仿照片上的姿勢，做看看。

 >>

胸部、腰部、膝蓋、腳成一直線，手肘朝外
彎曲，將身體往下壓。

注意讓身體在抗力球上保持穩定，就可刺激
到軀幹各個部位。

 >>

手指尖朝向正前方，手肘朝外彎曲，將身體
往下壓，胸部、腰部、膝蓋、腳成一直線，
抬起的腳要和地面幾乎平行。

將身體往下壓，直至胸部幾乎碰觸到地板，
單腳抬起 20 次後，換另一隻腳抬起做 20 次。

 >>

為了不讓抗力球搖晃，要特別注意到軀幹部，
讓身體盡可能保持穩定。

手指尖朝向正前方，手肘朝外彎曲，將身體
往下壓，胸部、腰部、膝蓋、腳成一直線，
這個動作的祕訣也是彎曲手肘，直至胸部幾
乎碰觸到地板。

PART.
1
—
胸肌

2

縮小兩隻手之間的寬度可以強化上臂三頭肌
狹窄伏地挺身
NARROW PUSHUP

所謂 Narrow 就是「把寬度縮小」，撐在地上的雙手的寬度比通常的伏地挺身還小，這個狹窄伏地挺身可以鍛鍊到上臂三頭肌。

COUNTS
15 **次 × 3 組**

手放在肩膀正下方的位置，雙手距離較近，手指尖稍微朝向外側打開。

>>

胸部、腰部、膝蓋、腳成一直線，和普通的伏地挺身一樣的姿勢。

>>

手肘朝後方彎曲，祕訣是手肘確實彎曲。

3

也可練三角肌和斜方肌
肩膀伏地挺身
SHOULDER PUSHUP

這也是普通伏地挺身的變化形，手不是放在肩膀下面，而是放在上面（前面），藉此可練到三角肌和上臂三頭肌等肩膀周圍的肌肉。

COUNTS
10 **次 × 3 組**

手放在比肩膀高（前）的地方，手指朝向正前方，兩隻手的寬度約為肩寬的 1.5 倍。

>>

胸部、腰部、膝蓋、腳成一直線，手肘朝外，手臂彎曲。

>>

手肘彎到胸部快貼到地板，可以實際感受到不僅有練到胸部和手臂，連脖子到肩膀都能練到。

4

集中到單邊會更有效
單邊伏地挺身
UNILATERAL PUSHUP

unilateral 直接翻譯就是「單邊」的意思，從普通的伏地挺身改成將重心放在左右的某一邊上，集中鍛鍊負荷變大的那邊。

COUNTS
20 **次×3組**

兩隻手的寬度約為肩寬的 1.5 倍，手指朝向正前方，胸部、腰部、膝蓋、腳成一直線，體重偏向單邊，胸部下沉快貼到地板。另一邊也用同樣方式做。

5

讓負荷加大的方法
拍手伏地挺身
HAND-CLAP PUSHUP

這個動作是在做完伏地挺身的結束動作後，手離地讓身體浮起來，在那一瞬間拍手，藉由快速動作，讓負荷加大。

COUNTS
10 **次×3組**

先做普通的伏地挺身的準備姿勢，然後確實彎曲手臂做到結束的那個姿勢。

>> 手離地讓身體浮起來，在那一瞬間拍手。

>> 巧妙用手肘當作緩衝，讓身體穩定停住，之後再彎曲手肘繼續做。

PART.
1
胸肌

6

利用左右移動給予不同的刺激
單邊移動伏地挺身
SIDE MOVE PUSHUP

以腳尖為支點，改變左右位置做伏地挺身，可刺激平常較不易訓練到的三角肌和上臂三頭肌等部位，使用平衡訓練氣墊做可以提高效果。

COUNTS
12 **次×3組**

做基礎版伏地挺身，直至胸部幾乎碰觸到地板，讓某一邊的手浮起，放在另一隻手旁邊，另一邊的手臂再打開成雙手為肩寬的 1.5 倍，彎曲手臂，身體下沉。

單邊移動伏地挺身，單手放在平衡訓練氣墊上
SIDE MOVE PUSHUP

7

隨時隨地可做
手掌互推
PALM PUSH

這是刺激大胸肌的基本動作，不論在公司或是家裡，只要有點時間就可以做。即使是女性或年長者，做起來也都遊刃有餘。

COUNTS
10 **次×3組**

盡可能用力把手掌由右往左推。

雙手的手掌在胸前正中央合起來。

用力把手掌由左往右推。

8

強度最高
搖擺伏地挺身
SWING PUSHUP

搖擺伏地挺身是所有伏地挺身動作中強度最高、負荷最大的，整個過程中，彷彿用身體畫圓。

COUNTS
15 **次×2 組**

Start!

做出肩膀伏地挺身的準備動作，兩隻手的寬度約為肩寬的 1.5 倍，手指朝向正前方，腰部彎起，呈現「く」的姿勢，利用手肘與擺動脊椎方式，做出伏地挺身的動作。

PART.
1
— 胸肌

9

鍛鍊上臂三頭肌和腹斜肌群
蚱蜢伏地挺身
GRASSHOPPER PUSHUP

單腳跨向另一邊,保持不著地的狀態做伏地挺身,不僅可以練到大胸肌,還可以練到上臂三頭肌和腹斜肌群、股內側肌。

COUNTS
10 **次×3組**

Start!

先做出基礎版伏地挺身的姿勢,胸部、腰部、膝蓋、腳成一直線,手肘邊往外側彎曲,邊讓骨盆輕斜,一隻腳往另一邊的腳伸過去,體重偏向單邊,身體單邊下壓,直至胸部幾乎碰觸到地板,回復到原來姿勢。換一邊做。

Part. 2
肱二頭肌
& 肱三頭肌

> BICEPS BRACHII & TRICEPS BRACHII

重點在訓練肱二頭肌和肱三頭肌，不僅可以鍛鍊出有力的肱二頭肌，連後方的肱三頭肌也會發達，藉此在各種運動上都會有飛躍性的成果出現。

Target
上臂

上臂上有肱二頭肌和肱三頭肌，肱二頭肌是把手臂向上彎曲時隆起的肌肉，而肱三頭肌則位於其後方。對男性而言，強壯有力的上臂是讓人憧憬的；而對女性而言，結實小塊肌肉的上臂有其迷人的風采。

Contents

10

肱二頭肌基礎訓練
彈力拉繩手臂彎曲
TUBE ARM CURL

彈力拉繩手臂彎曲是鍛鍊肱二頭肌的基本項目。
利用 mobiban 做雙手的手臂彎曲動作。

COUNTS
20 **次×3組**

雙腳打開與肩同寬,背脊挺直,
手臂自然下垂,握住 mobiban
的掌心朝前,手肘伸直。

>>

腳及背部固定不動,手肘
將 mobiban 提起,與手
臂呈直角狀態。

>>

手肘往上彎曲,再將 mobiban
往上提起,此時肩膀稍微往上提
的話,更能刺激到肱二頭肌!

11

立馬在家開始做
環保袋上臂彎曲
ECO BAG ARM CURL

不想用彈力拉繩時,或想要提高強度,不妨利
用環保袋試看看,袋中可放入書本調整重量,
藉此逐步提高強度。

COUNTS
20 **次×3組**

把重物放進環保袋裡,當作
負荷,和使用 mobiban 的姿
勢一樣,手肘保持垂直狀態。

>>

腳及背部固定不動,手肘
將環保袋提起,與手臂呈
直角狀態。

>>

手肘往上彎曲,再將環保袋
往上提起,肩膀稍微往上提
的話,更能刺激到肱二頭肌!

12

有空就可輕鬆做
手掌彎曲
PALM CURL

為了鍛鍊左右手下手臂,有空就隨時可做這個動作,由於需要由上往下用力推的力量,所以也能鍛鍊到左右雙臂。

COUNTS
10 **次×3 組**

雙腳打開與肩同寬,手臂下垂,手掌上下合起來,上面的那隻手邊對下面那隻手加負荷,用下面那隻手邊把上面那隻手往上推。

(右)　　　　　　　　　　　　　　　　　(左)

13

鍛鍊下手臂的榔頭彎曲
彈力拉繩錘式彎舉
TUBE HAMMER CURL

在上手臂的肌力訓練當中,利用 mobiban 做手臂彎曲動作可以集中鍛鍊肱二頭肌,與此相對的,使用 mobiban 做榔頭彎曲可以練到上臂＋下臂。

雙腳打開與肩同寬,背脊挺直,雙臂自然下垂,手掌朝向身體,手肘伸直。依「手的拿法」方式,將 mobiban 拉起。此時注意不要讓姿勢跑掉。

COUNTS
20 **次×3 組**

(右)

(左)

POINTS

手的拿法

如上圖,手掌朝上的抓法是手臂彎曲的動作。和此相對的,如下圖,拇指和食指在上面的抓法是榔頭彎曲的動作。

14

提升強度的環保袋
環保袋錘式彎舉
ECO BAG HAMMER CURL

椰頭彎曲項目和手臂彎曲項目最大的不同是手抓物品的方式，請參考照片上的抓法。

COUNTS
20 **次**×3 **組**

雙腳打開與肩同寬，背脊挺直，雙臂自然下垂，手掌朝向身體。依「手的拿法」方式，將環保袋拉起。此時注意不要讓姿勢跑掉。

（右） >>  >>  （左） >>  >>

POINTS **手的拿法**

手掌朝上握環保袋，則是 11 的「環保袋上臂彎曲」動作，將拇指和食指在上面握住環保袋的話，就是 14 的椰頭彎曲的動作。

15

鍛鍊肱三頭肌，變成結實有力的手臂
彈力拉繩俯身臂屈伸
TUBE KICK BACK

肱三頭肌結實的話，看起來就是「有鍛鍊過的手臂」。女性也是一樣，鍛鍊這裡的話，上臂看起來就不會鬆弛，能保持美麗的線條。

COUNTS
15 **次**×2 **組**

 >>  >>

雙腿微彎，背打直，上半身前傾，拉 mobiban 的手肘彎曲，另一雙手手掌放在膝蓋上，保持這個姿勢。

手肘往後伸直，拉提 mobiban。此時，不只是手肘，肩膀也稍微往上方動。

繼續將手臂往上伸直，會更有效果。

16

集中鍛鍊肱三頭肌

彈力拉繩法式負荷
TUBE FRENCH PRESS

手臂伸直，或是推東西時，必須用到肱三頭肌。越擅長「推」這個動作的相撲力士，肱三頭肌越發達，讀者不妨注意看看。

COUNTS
15 **次**×2 **組**

雙腳打開與肩同寬，站直，單手拉著彈力拉繩，擺放在頭後方。

>> 手臂位置固定，慢慢將手肘往上升。

>> 手臂伸高到手肘完全伸直，此時注意不要讓姿勢跑掉。

17

環保袋提升強度

提袋俯身臂屈伸
BAG KICK BACK

和手臂彎曲等動作一樣，環保袋中裝入方便計算重量的 500 cc 的寶特瓶水，讓強度提升。

COUNTS
15 **次**×2 **組**

上半身往前傾，背脊伸直，腳稍微彎曲，手肘也呈現彎曲狀態。

>> 把手肘伸直，此時，不只是手肘，肩膀也稍微往上方動。

>> 邊把手背往內側（身體方向）旋轉邊把手臂伸直，會更有效果。

18 不輸給啞鈴的負荷
提袋法式負荷
BAG FRENCH PRESS

環保袋是個很方便的物品，可放入書或寶特瓶隨意調節重量，準備一個訓練專用的環保袋吧！

COUNTS
15 次×2 組

站立，雙腳與肩同寬，單手拿著環保袋，放到頭的正後方。

>> 手肘位置固定，慢慢將手臂往上升，把袋子往上提。

>> 手肘固定，手臂完全伸直，保持姿勢不要歪掉。

19 實際操作才知深淺
直立肱三頭肌
TRICEP STANDING

想要訓練肱三頭肌，彈力拉繩和環保袋等增加負荷的項目，已能達到效果；若是想讓肱三頭肌更為發達，利用自己體重當負荷訓練，效果顯著卻會非常辛苦，但堅持下去就會有成果。

COUNTS
10 次×2 組

身體左邊橫躺在地板上，將右手掌插在地板與左肩膀之間。

>> 右手肘位置固定，利用右手掌慢慢將手臂伸直，讓上半身起身。

>> 邊利用右手臂的力氣讓上半身坐起，到手臂完全伸直的狀態。

20

實際感受自己的體重
椅上反向掌下壓
CHAIR REVERSE PUSH-UP

這是項完全使用自己體重做為負荷的訓練項目，訓練的要點是把伸直的手臂慢慢彎曲。可以實際感受到自己的體重。

COUNTS
10 **次×2 組**

站在椅子前面，雙手放在椅子兩端，約是與肩同寬。腋下夾緊，雙臂和雙腳伸直撐住身體。

>> 腋下夾緊，手肘配合彎曲，身體慢慢往下，直到腰部快碰到地板。

>> 再慢慢地把手肘伸直，將腰部往上提，恢復到最初的姿勢。

21

不容小覷的動作
嬰兒爬行
BABY WALKING

這項動作看起來很可笑，但是千萬不要藐視它的功效！試著把手臂整個伸直爬爬看吧，你將感受到強大的刺激感。

COUNTS
30 **次×2 組**

像嬰兒般膝蓋著地，用四肢爬行。

>> 同手同腳前進。

>> 接著，另一邊也是同手同腳前進。

>> 背脊打直反覆進行。

22

強度更高的前進運動
蜥蜴爬行
LIZARD WALKING

用身體幾乎快碰到地面的蜥蜴爬行法，同手同腳一組，匍匐前進，做起來遠比看起難得多！

COUNTS
10 **步** ×2 **組**

四肢僅僅以手和腳尖接觸到地面，手腳輪流匍匐前進。

>> 同手同腳往前行。

>> 手腳都盡量大步往前邁出，如此一來能增加更大負荷。注意！膝蓋不要碰到地板。

23

從上往下推可以鍛鍊肱三頭肌
手掌延伸
PALM EXTENSION

這是和手掌彎曲相反的項目，是由下增加負荷，同時由上往下壓。主要可以練肱三頭肌。變換左右、上下，有空檔的時間就做做看吧！

COUNTS
10 **次**×2 **組**

手臂彎曲，手掌上下合起來，上方的手往下方的施以壓力，同時將上方手臂往下延伸，下面的手也同樣施以力道與上方的手相互抵抗。

（右）　　　　　　　　　　　　（左）

Part. 3
腹直肌

> RECTUS ABDOMINIS

想要打造完美的六塊肌，千萬不能錯過本章的訓練重點。先從基本款的仰臥起坐做起，等習慣後再挑戰各種變化版。

Target
腹直肌

腹直肌是身體裡最大塊的肌肉之一，也是保護內臟的重要肌肉。維持身體的正確姿勢，或是深呼吸時，都會用到這塊肌肉。現在就以訓練出完美的腹直肌為目標吧！

Contents

24

自重肌力訓練的基礎！
基礎版仰臥起坐
CRUNCH

自古以來就有的訓練項目，效果極為顯著。
讓脊椎一節節離開地板，慢慢讓身體起來，
再花相同的時間恢復原來的姿勢。

COUNTS
20 **次×3 組**

仰躺在地板上，背部整個
貼著地板，手臂交叉置於
胸前，膝蓋立起。

視線看向肚臍，邊吐氣邊
讓上半身起身。

想像脊椎一節節離開地
面，再一節節貼回地面，
起身時盡量讓脊椎彎曲。

手的位置放哪裡都可以

手可置於胸前交叉，亦可放在耳後頭部位置，重點是不要靠手的反作用力起身。

NG!

膝蓋打直或背脊打直！NG

膝蓋或背脊打直都是 NG 動作，如果真的很困難的話，就只讓肩胛骨離開地面一點點，視線看向肚臍，即使這樣也能練到腹肌。起身時絕對不要利用反作用力起身，要慢慢起身。

一開始只有肩胛骨離開地面也 OK

女性或有代謝症候群的男性，可能無法一開始就做出完美動作，此時，即使只有肩胛骨離開地面一點點也可以。正確做法是想像脊椎一節節離開地面，視線看向肚臍！

PART.
3
腹直肌

25

恢復躺下的姿勢時也要慢慢地
觸碰膝蓋仰臥起坐
KNEE TOUCH CRUNCH

和做基礎版仰臥起坐一樣,把背部捲起起身後,不可以迅速恢復原來的姿勢,而是要和起身時一樣,慢慢地讓脊椎一節節貼回地板。

COUNTS
30 **次×**2 **組**

仰躺,用基礎版仰臥起坐的要領,將膝蓋立起,雙手朝膝蓋方向直直伸出去。

>>

慢慢吐氣,手往膝蓋方向伸出去,配合這個動作讓上半身起身。

>>

上半身捲起到指尖能碰到膝蓋骨。

26

再接再厲,讓手肘碰膝蓋
肘碰膝仰臥起坐
KNEE & ELBOW TOUCH CRUNCH

觸碰膝蓋仰臥起坐得以完成後,可以進行下一個階段——手肘碰膝蓋仰臥起坐。腳伸直後,將膝蓋彎曲呈90度,小腿和地板平行,在這樣的狀態下完成仰臥起坐。

COUNTS
15 **次×**2 **組**

仰躺,膝蓋彎成90度,
小腿和地板平行。

脊椎一節節離開地板,背部捲起,視線看向肚臍。

手肘觸碰到膝蓋。注意!不要靠手的反作用力起身。

27

強度更強，指尖碰腳跟
指尖碰腳跟仰臥起坐
HEEL TOUCH CRUNCH

手肘碰膝蓋仰臥起坐得以完成後，可以進行下一個階段——指尖碰腳跟仰臥起坐。注意不要靠手的反作用力，慢慢起身，慢慢恢復原來的姿勢。

COUNTS
12 **次×**3 **組**

仰躺，膝蓋彎曲，小腿和地板平行，手臂彎曲放在身體兩側。

吐氣起身，手從大腿外側伸出。

上半身捲起，雙手延伸過小腿觸碰到腳跟，膝蓋不要打開。

28

用椅子矯正姿勢
椅子仰臥起坐
CHAIR CRUNCH

利用椅子固定腳跟位置，可以讓仰臥起坐更為正確。這個動作完成，可以進一步讓手肘觸碰到膝蓋。若感到好似以反作用力出力，建議把速度放慢。

COUNTS
15 **次×**2 **組**

仰躺，膝蓋彎成 90 度，將腳輕放在椅子上，手置於頭後方。

緩慢吐氣，慢慢起身，視線看著肚臍。

上半身捲起至手肘碰到膝蓋。

PART. 3 — 腹直肌

29

打造腹肌人魚線
V-UP 仰臥起坐
V-UP

上半身捲起時,伸直的腳也一併抬起,可以練出完美的人魚線,雖然做的過程很痛苦,不過練成之後會很有成就感。將整個身體慢慢做出 V 字型,再慢慢恢復原來的姿勢。

COUNTS
15 **次×2 組**

仰躺,雙腳伸直,雙手朝天伸直。

腳抬起,上半身肩膀離地,同時讓手和腳慢慢接近。注意不要用力起身,以免傷到腰,慢慢做,不要急。

以手指尖碰到腳趾尖為目標,確實捲起身體。

30

離心收縮加大強度
捲曲往下
ROLL DOWN

肌肉兩端朝肌腹靠近,用力舉起重物(肌肉縮短)時所產生的收縮,例如舉重,稱為向心收縮(Concentric Contraction),而肌肉兩端遠離肌腹,也就是用力不使重物往下掉(肌肉拉長)時所產生的收縮則稱為離心收縮(Eccentric Contraction)。因此離心收縮利用最少的重量達到最高強度的刺激,能有效率地讓肌肉變大塊,較易將腹肌練成。

COUNTS
10 **次×2 組**

坐在地板上,膝蓋彎曲,雙手在胸前交握。

從背部下面開始慢慢地讓背部捲起,邊往後面躺下。

將上半身用一定的速度慢慢往後倒。

和躺下一樣的速度慢慢坐起上半身,回到一開始的姿勢。

31

完整腹直肌！
4 面向仰臥起坐
4 PHASE CRUNCH

從中途的姿勢稍微坐起上半身，最後盡可能整個捲曲坐起。再回到剛開始的姿勢，將整個力氣放掉。這個動作強度很高，可以刺激腹直肌的上部到下部，訓練出完美的腹肌。

COUNTS
15 **次×**2 **組**

仰躺，膝蓋彎曲，雙手抬起。

>>

數「1」慢慢讓上半身起身，視線看著肚臍，數「2」像是上臂往下壓般，讓上半身慢慢起身，脊椎捲起。

>>

注意節奏不要亂掉。

32

直擊腹直肌下部
膝碰胸
KNEE TO CHEST

坐著讓膝蓋碰觸胸膛，可直接練到腹直肌下部。整個動作慢慢地讓膝蓋靠近胸膛，再慢慢地恢復原來的位置，可讓下腹鬆弛的肌肉恢復緊實。

COUNTS
20 **次×**3 **組**

坐在地板上，手放在身體後方，雙腳併攏，膝蓋略微彎曲。

在椅子上做，也行！椅上膝碰胸
CHAIR KNEE TO CHEST

坐在椅子上，身體略微往後方傾斜，雙手抓住椅面穩住身體。

邊意識腹部下方，邊把腳收回來，脊椎彎曲，腹肌較易收縮。

雙腳併攏抬起，脊椎略微彎曲，邊意識腹部下方，邊把腳收回來。

想像膝蓋靠近胸膛，將腳往身體內縮。

順勢把膝蓋往胸膛靠近，將腳往身體內縮。

PART.
3

腹直肌

33

扭動身體練腹肌
膝碰肘
KNEE TO ELBOW

這個項目是可以站著做的腹部訓練動作，對腹直肌上部、下部、腹斜肌都能鍛鍊到，同時單腳站立的方式，對練習穩定度也有效果！

COUNTS
30 **次×**3 **組**

兩腳伸直站立，與肩膀同寬，舉起左手的手臂，手肘略微彎曲，旋轉身體，抬起右腳，讓左手肘碰到右膝蓋。

（左）

（右）

34

進攻腹直肌下部
再生仰臥起坐
REBIRTH CRUNCH

利用雙腳的重量，有效鍛鍊到腹直肌下部。即使是結束動作回復到初始姿勢，也能有效鍛鍊肌肉。膝蓋伸直可加強負荷，但若覺得難度過高，可以把膝蓋略微彎曲。

COUNTS
20 **次×**3 **組**

仰躺，雙手放在身體兩側，貼著地板，膝蓋彎曲。

將腳抬起，膝關節和股關節幾乎呈 90 度。

慢慢將腰部抬起，腳尖往頭部方向伸展，感覺腹直肌收縮。

35

用抗力球提高鍛鍊效果
抗力球仰臥起坐
BALL SITUP

利用抗力球支撐表面不穩定的特性，在抗力球上仰臥起坐慢慢起身，可鍛鍊整個腹直肌，同時變換雙手的位置，改變負荷強度。

COUNTS
15 **次×**2 **組**

仰躺在抗力球上，背部略微向後呈弓形，雙手置於胸前交叉，膝蓋彎曲靠地，雙腳可放進牆壁等細縫裡固定。

>>

開始彎曲腰部，想像整塊腹直肌收縮，讓上半身彎曲起身。

>>

盡可能在背部彎曲的狀態下起身，不要左右搖晃，保持平衡。

頭碰球仰臥起坐
HEAD TOUCH BALL SITUP

仰躺在抗力球上，整個背部貼著抗力球，手放在頭後方交握，膝蓋彎曲。

>>

腳放進牆壁等細縫裡固定，與抗力球仰臥起坐一樣讓上半身彎曲起身。

>>

邊想像整塊腹直肌收縮，盡可能在背部捲曲的狀態下起身。

萬歲姿勢抗力球仰臥起坐
BANZAI BALL SITUP

仰躺在抗力球上，整個背部貼著抗力球，膝蓋彎曲，腳固定好。把雙手打開，做出萬歲的姿勢。

>>

手不要往前伸超過身體，在起身時，盡可能讓手臂配合身體的線條。

>>

想像整塊腹直肌收縮，盡可能在背部捲曲的狀態下起身，不要左右搖晃，保持平衡。

36

負荷增大的 V 字腹肌
雙腳靠牆 V 字仰臥起坐
UPS FEET ON THE WALL

雙腳置於牆上,再彎曲起身。此動作負荷很強,很多人若不用反作用力就起不來,如果做不來,只做一半也可以。

COUNTS
15 次×2 組

仰躺,雙腳置於牆上或柱子上。

以靠在牆壁上的腳尖為目標,將手往前伸,上半身捲曲起身。

上半身起身,手尖觸碰腳尖。

37

腹肌、背肌一起來
抗力球屈體
JACKKNIFE

身體會彎曲成く的形狀,需要很好的平衡感和控制力,可有效刺激腹部肌肉。以正確的方式訓練,不只能鍛鍊腹直肌,連整塊背肌也能練到。習慣之後還可以用單腳做。

COUNTS
10 次×3 組

雙手平放於地面,雙腳置於球上,抬頭。

意識腹直肌收縮,雙膝彎曲,當球向前滾動時保持脊椎直立。

雙膝靠近身體,整個脊椎彎曲,直到腳跟接近臀部。

單腳抗力球屈體
ONE LEG JACKKNIFE

和抗力球屈體一樣,先做伏地挺身的姿勢,之後單腳放在抗力球上。

另一隻腳浮在空中,只以單腳讓球往身體方向滾動,注意骨盆不要歪斜。

單膝靠近身體,整個脊椎彎曲,隨時意識腹直肌收縮。

38

完美鍛鍊腹直肌下部
球上舉腳
BALL LEG RAISE

手固定在牆上，仰躺在抗力球上，把腳伸直高舉，再慢慢地回到原來的位置。鍛鍊腹直肌的效果超好。

COUNTS
10 **次×**3 **組**

仰躺在球上，雙手抓著牆壁或柱子固定。

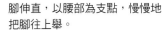

腳伸直，以腰部為支點，慢慢地把腳往上舉。

切勿使用身體的反作用力，將腳舉起呈 90 度。舉腳時盡可能動作大一點。

39

抗力球的不穩定性可鍛鍊深層肌肉
球上彎腳抬起
BALL LET SOLASTO

在球上將腳彎曲抬起，可鍛鍊整個腹直肌上部到下部，把彎曲的腳伸直時，也盡可能慢慢地動作，在抗力球上保持平衡動作，放下時也要慢慢完成。

COUNTS
10 **次×**3 **組**

腰放在球上，仰躺，雙手抓住牆壁或柱子固定，雙腳彎曲。

慢慢地將腳伸直，以腰部為支點，把腳往上舉。

在抗力球上保持平衡，盡可能把雙腳伸直。

40 練腹壓的重要項目
縮緊腹部
DRAWING

縮緊腹部主要是訓練腹肌深層的腹橫肌，下腹用力會讓腹部凹陷，請記住對腹部增加壓力的感覺。此動作是所有運動項目中都需要的，不管是在訓練中還是在日常生活中，都意識這個感覺吧！

COUNTS
15 **秒** ✕3 **組**

挺直背脊，放鬆站立。

肚臍深處用力，用力讓肚子縮進去，注意骨盆不要往前或往後。

趴著，手肘撐著地板，腹部離開地面，對腹部施加壓力，注意背部不要反折。

Part. 4
腹斜肌

> OBLIQUE MUSCLE OF
ABDOMEN

繼腹直肌之後，part 4
要介紹腹肌群之一的腹
斜肌運動項目，努力
練、認真練，打造腰身，
讓小腹緊實不是夢。

Target
腹斜肌

腹斜肌位於腹部外側，
也就是側腹的部位，作
用是將腹部往上拉提，
也是打造腰身最重要
的肌肉。鍛鍊腹斜肌，
向大「腹」翁、大「腹」
婆說 Bye Bye。

Contents

PART.
4 ─ 腹斜肌

41

打造腰身從這裡開始
攜袋站姿側彎
BAG SIDE BEND

平常不太會鍛鍊到腹斜肌，但對女性來說，這個部位是打造腰身的重點項目，先在環保袋裡放入輕一點的寶特瓶，從輕一點的負荷開始做吧！

COUNTS
20 次×3 組

（左）

（右）

雙腳打開與肩同寬，單手提著放入寶特瓶的環保袋，另一隻手的手掌放在耳朵旁，身體往環保袋那邊彎曲，讓另一邊的腹斜肌得到伸展，再慢慢站直身體，換另一邊繼續做。

42

彈力拉繩增加負荷
彈力拉繩站姿側彎
TUBE SIDE BEND

姿勢與方法同「攜袋站姿側彎」，只是將環保袋換成彈力拉繩。要注意骨盆位置盡量固定不動，不要左右傾斜也不要前後移動，這是練腹斜肌的重點。

COUNTS
20 次×3 組

（左）

（右）

同「攜袋站姿側彎」方式，單手拉著彈力拉繩，另一隻手的手掌放在耳朵旁，身體往彈力拉繩那邊彎曲，再換另一邊繼續做。注意骨盆不要左右搖晃，動作盡可能大一點。

慢慢做會更有效
萬歲站姿側彎
BANZAI SIDE BEND

用自己的上臂和上半身當重量，以萬歲姿勢做站姿側彎，乍看之下好像負荷很小，但慢慢做，卻出乎意料地累。

COUNTS
20 次×3 組

雙腳打開與肩同寬，雙手往上舉起做出「萬歲」姿勢，往側邊彎曲，注意骨盆不要左右傾斜。

側彎到感到另一邊完全伸展時，再慢慢起身，讓身體與地面垂直。

以同樣方式，讓身體往另一邊側彎，不要前後搖晃，動作盡可能大一點。

44

在公司也可以做！
坐姿側彎
SITING SIDE BEND

坐著不要靠椅背，雙膝併攏，腳略微離地，以這樣的姿勢將腳尖往側邊抬起，不是像鐘擺一樣左右搖晃，而是單邊連續做。

COUNTS
10 次×2 組

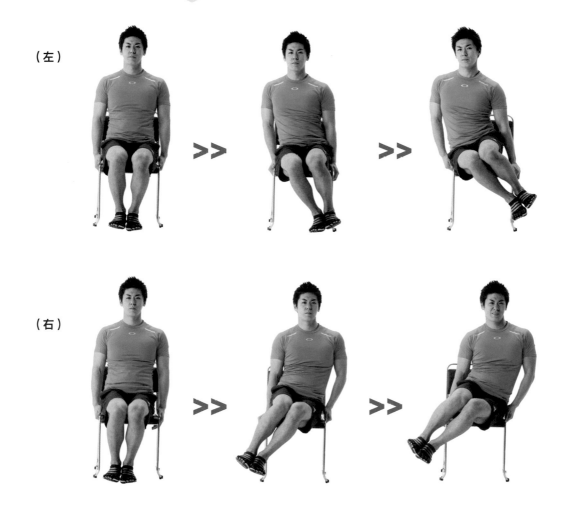

（左）

（右）

坐在椅子上，手抓住椅子側邊固定，雙腳併攏，腳離開地面，以膝蓋為中心，往左邊或右邊盪過去，單邊結束後換另一邊做。膝蓋位置盡量不要改變，並且單邊做。

PART.
4
—
腹
斜
肌

橫臥椅子上
45 椅上身體傾斜側彎
LYING SITTING SIDE BEND

所謂 lying 是橫臥的意思，不過在此是指坐在椅子上讓身體傾斜，在這樣的狀態下做坐姿側彎看看吧！

COUNTS
12 次×2 組

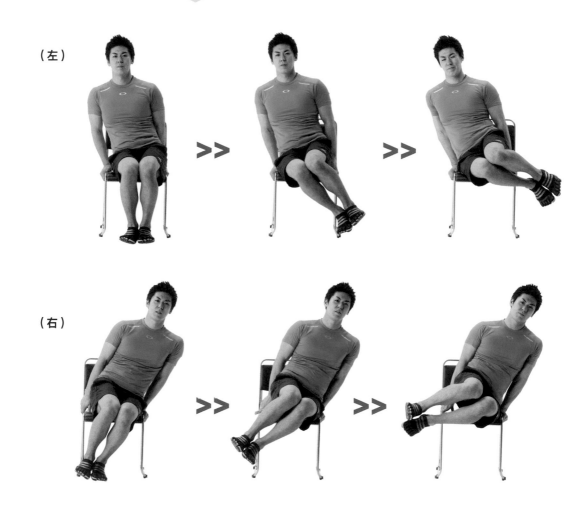

（左）

（右）

坐在椅子上，上半身略微往後傾斜，雙手抓住椅子側邊固定，雙腳併攏，腳離地，以膝蓋為中心，往左邊或右邊盪過去，單邊結束後換另一邊做，注意背部不要靠在椅子上，身體也不要往前倒。

46

腹斜肌躺著練
提臀扭脊
SPINE HIPLIFT TWIST

身體在躺著的狀態下，將脊椎和腰部離開地面，以這樣的姿勢將身體往左邊或右邊旋轉，可以練出完美的腹斜肌。

COUNTS
20 次×2 組

Start!

仰躺在地板上，膝蓋微彎立起。

將膝蓋側轉，但注意膝蓋不要碰到地面，保持膝蓋、腰部、肩膀呈一斜線狀態。

臀起抬高，慢慢將腰部抬起，讓膝蓋、腰部、肩膀成一直線。

以腳跟為支點，保持膝蓋、腰部、肩膀呈一直線，膝蓋側轉。注意膝蓋和另一側的肩膀不要離地。

47

腹直肌下部到腹斜肌練法
扭腳
LEG TWIST

雙腳併攏，腳抬起到股關節與地面約呈 75 度，雙肩不離地，將身體往側邊旋轉到腳幾乎碰到地面。雖然會很累，但鍛鍊腹肌效果極佳。

COUNTS
15 次×2 組

仰躺，腳尖併攏，腳抬起到股關節與地面約呈 75 度，
雙手張開貼在地面，以腹部為支點，在腳伸直的狀態下
往側邊大幅度旋轉，再旋轉到另一邊。

48

彎曲膝蓋減緩強度
膝蓋彎曲旋轉
BEND LEG TWIST

如果旋轉動作負荷過大，不妨將膝蓋彎曲，減輕強度。但要注意的是，雙肩仍是不能離地。

COUNTS
20 次×2 組

仰躺，雙手張開，確實貼在地面上，雙腳往上抬，股關節和膝關節呈 90 度狀態，以腹部為支點，往側邊大幅度旋轉，再旋轉到另一邊。若肩膀離地的話，會分散力量，要注意。

PART.
4
腹斜肌

一口氣鍛鍊整塊腹肌

49 脊椎側彎手碰腳跟
SPINE SIDE BEND HEEL TOUCH

這個項目是躺著時，在脊椎側彎的狀態下，用單手碰腳跟，目的是鍛鍊腹直肌到腹斜肌等整塊腹肌。

COUNTS
12 次×2 組

（左）　　　　　　　　　　　　　　　（右）

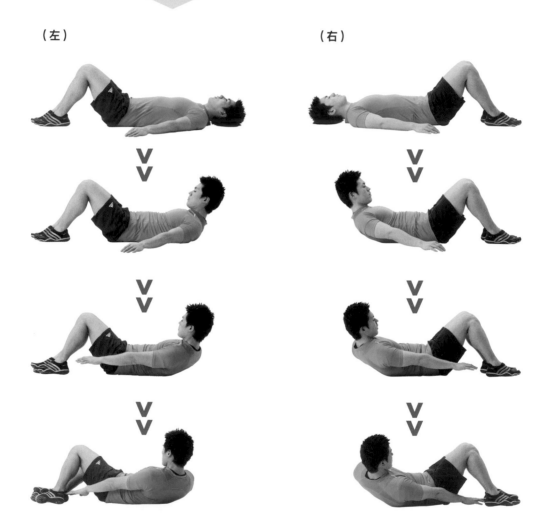

仰躺，膝蓋立起，雙手往左右伸出去，上半身起身，視線看向肚臍。保持這樣的姿勢，以腰部為支點，身體側彎，讓單手觸碰單腳跟。換邊繼續再做。

50

強度更強的旋轉

旋轉仰臥起坐
TWIST CRUNCH

做仰臥起坐起身時，旋轉上半身，讓一邊的手肘碰到另一隻腳的膝蓋，這樣可以練到腹直肌到腹斜肌。用膝蓋去碰手肘也沒關係。

COUNTS
10 次×3 組

仰躺，腳伸直後，將膝蓋彎曲呈 90 度，小腿和地板平行，雙手放在頭後面交握，吐氣，上半身起身，旋轉身體讓左手手肘碰右腳的膝蓋，此時，手肘到膝蓋呈一斜線。

51

側躺，收縮腹斜肌
側躺側彎
LATERAL SIDE BEND

利用側躺的姿勢，讓位在上方的膝蓋和同方向手肘相碰，可以讓腹斜肌確實收縮。習慣後，還可抬起雙腳增加強度。

COUNTS
10 次×3 組

側躺單腳側彎
ONE LEG LATERAL SIDE BEND

側躺，位於上方的手擺在頭上，側彎抬起位在上方的膝蓋與手肘相碰，或是以手肘去碰膝蓋也可以。

（左）　　　（右）

側躺雙腳側彎
LATERAL SIDE BEND

側躺，側彎抬起雙腳，讓位在上方的手肘和膝蓋相碰。注意，不要靠反作用力，而是以肌肉帶動身體。

（左）　　　（右）

52

看電視時也能練！
側邊抬臀
SIDE PILLAR HIP LIFT

側躺，手肘撐在地板上，讓臀部抬起，藉此訓練腹斜肌。剛開始可以將雙腳都放在地板上，習慣後，可抬起一隻腳來增加負荷強度。

COUNTS
15 次×2 組

側邊抬臀
SIDE PILLAR HIP LIFT

側躺，手肘撐在地上，腰部臀部抬起，讓肩膀、腰部、腳呈一直線，再慢慢吐氣盡可能抬高腰部。

（左）　　　（右）

單腳側邊抬臀
ONE LEG SIDE PILLAR HIP LIFT

先做側邊抬臀預備動作，然後將一隻腳抬起，腰部臀部抬起，讓肩膀、腰部、腳呈一直線。

（左）　　　（右）

53

V 字旋轉鍛錬腹斜肌
V 字旋轉碰趾
V-TWIST TOE TOUCH

這個動作，一口氣可以將腹直肌、腹斜肌鍛錬起來，打造出迷人的 V 形人魚線。此動作強度極高，容易靠反作用力起身而導致鍛錬的位置錯誤。建議以腹部的肌肉力量慢慢起身。

COUNTS
12 次×3 組

仰躺，手腳輕鬆置於地上，邊吐氣邊起身，捲曲身體，讓左手手指碰觸右腳腳趾。

54

球上保持平衡
基礎抗力球旋轉仰臥起坐
BALL TWIST SIT-UP

一樣是旋轉仰臥起坐，在抗力球上做，不僅能增加強度，也可以訓練穩定度。更可鍛錬深層肌肉。

COUNTS
15 次×3 組

仰躺在球上，雙手放置在頭後方，膝蓋彎曲。腹部用力，慢慢起身，並做出左手肘要碰觸右腳膝蓋的旋轉身體動作。

55

持物增加強度
持物抗力球旋轉仰臥起坐
BALL TWIST SIT-UP WITH ROAD

若已習慣基礎抗力球旋轉仰臥起坐，可以手上拿著裝入物品的環保袋，藉以增加負荷。

COUNTS
10 次×3 組

仰躺在球上，雙手持物置於頭後方，膝蓋彎曲。腹部用力，慢慢旋轉起身坐起，做出左肘要碰觸右膝蓋的動作，身體旋轉程度要有雙手的環保袋超越左腳膝蓋的強度。

PART.
4
腹斜肌

56

腳跟固定增加強度
腳跟靠牆旋轉仰臥起坐
TWIST V-UPS HEEL ON THE WALL

腳跟固定在牆上，加上旋轉的仰臥起坐。此項目也要避免使用反作用力起身的慾望，慢慢起來再慢慢恢復原狀。

COUNTS
10 次×3 組

仰躺，將腳抬高，腳跟輕靠在牆壁或柱子上，手臂與手肘呈 90 度輕放在身體兩側。左手伸往靠在牆上的右腳腳尖，慢慢捲起上半身，用手指觸碰腳趾。

57

搖搖晃晃練就深層肌

抗力球側彎
BALL SIDE BEND

身體側躺抗力球上，於抗力球上做出側彎動作，鍛鍊腹斜肌、腹橫肌，一次搞定。

COUNTS
12 次×3 組

右側彎躺在抗力球上，雙腳側邊固定於地面上，雙手置於頭後方。以骨盆為支點，盡可能讓側彎的上半身起身，直到身體右側邊的肌肉完全伸展。

58

腹直肌、股內側肌群都不放過！

旋轉抗力球
BALL TWIST

運用雙腳夾住抗力球旋轉動作，一口氣練就腹斜肌及股內側肌群，即使只做出雙腳夾住抗力球往上舉的動作，也能將腹直肌鍛鍊起來。

COUNTS
15次×3組

仰躺，雙腳夾住抗力球，將球舉起放下，然後做出夾球左右旋轉動作。

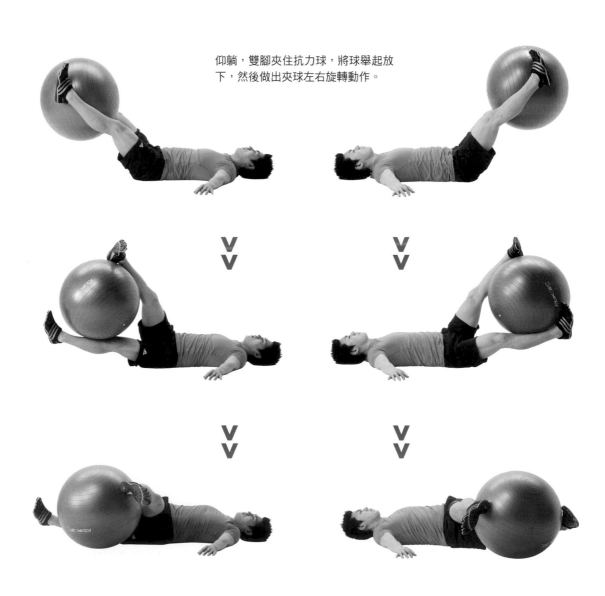

Target
廣背肌

連接背部下部、腰部和上臂骨的肌肉,是控制手臂彎曲及伸拉時所使用到的肌肉。此部位沒有特別注意,經常會忽略鍛鍊,想要擁有倒三角形身材,千萬不要忘了鍛鍊這個部位。

Part. 5
廣背肌

LATISSIMUS DORSE

鍛鍊焦點移轉到廣背肌。以下的訓練動作乍看之下可能會認為是上臂的訓練項目,但其實是在訓練手臂與下半身肌肉連結的廣背肌。

Contents

PART.
5
廣背肌

59

隨時強化背肌
手掌互拉
PALM PULL

手掌互拉和 P54「手掌互推」一樣,是個超基本的動作,隨時隨地都可以做。一找到空檔,就一點一點做,積沙成塔,就能見到成果。

COUNTS
10次×2組

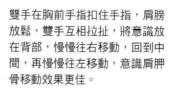

雙手在胸前手指扣住手指,肩膀放鬆,雙手互相拉扯,將意識放在背部,慢慢往右移動,回到中間,再慢慢往左移動,意識肩胛骨移動效果更佳。

確實活動肩胛骨
彈力拉繩下拉
TUBE LAT PULL DOWN

以拇指勾住圈圈，往左右拉開的彈力拉繩（mobiban），用來當作訓練廣背肌的道具非常方便，別忘了意識肩胛骨，會更有效果哦！

COUNTS
20 次×3 組

| 雙腳與肩同寬，挺胸，身體往前傾約 45 度，雙手舉起彈力拉繩置於頭部前端。 | | 保持上半身角度不變，雙臂將彈力拉繩往後方外側拉開，意識到肩胛骨的活動，同時順勢將拉繩移到頭後方。 | | 雙臂持續將彈力拉繩往外拉，降下雙臂，背部兩側的肩胛骨會有明顯的拉近感。 |

PART. 5 — 廣背肌

61

彈力拉繩運動再一款
彈力拉繩上拉
TUBE ROWING

在一般日常生活中，較少做到「拉」的動作，將背脊挺直，保持上半身角度不變，利用彈力拉繩，做出上拉的動作。

COUNTS
20 次×3 組

股關節彎曲，挺胸，把彈力拉繩套在腳底，握彈力拉繩的位置在肩膀正下方。

背脊挺直，保持上半身角度不變，將彈力拉繩往上拉，手肘逐漸往後。

>>

再繼續往上拉，吐氣，注意背脊不要拱起，讓上臂和地板呈平行狀，左右肩胛骨盡可能靠近。

在辦公室也可以做
坐姿彈力拉繩上拉
TUBE SEATED ROWING

工作時因肩胛骨沒活動到所引起的肩頸痠痛，不妨拿起彈力拉繩，做做這個運動，消除痠痛效果極佳，還可鍛鍊背肌。

COUNTS
20 次×3 組

坐在椅子上，腳跟著地，將彈力拉繩套在腳底上，背脊挺直，雙手伸直拉著拉繩。

拉著彈力拉繩的雙手，與肩同寬，保持上半身傾斜角度，將手肘往後拉。

持續把手肘往後拉，讓左右肩胛骨靠近。

PART.
5
—廣背肌

63

練背部的上舉運動
彈力拉繩上舉
TUBE REAR RAISE

此動作不僅廣背肌，連斜方肌和豎脊肌也都能鍛鍊到，重點是必須意識肩胛骨的位置，讓兩邊的肩胛骨逐漸靠近。

COUNTS
12 次×3 組

挺胸，腰部向前彎 45 度，單腳往前一步，雙手抓住彈力拉繩將之套在單腳腳底。

>>

保持上半身角度不變，雙手不彎曲，將彈力拉繩往兩側上方拉開。

>>

持續拉開，讓雙手幾乎拉到肩膀高度，背部的肩胛骨逐漸靠近。

提高強度靠毛巾
毛巾下拉
TOWEL LAT PULL

用長條毛巾取代彈力拉繩，做下拉的動作，可使肩關節旋轉較順，同時也可以鍛鍊廣背肌。

COUNTS
10 次×3 組

雙腳與肩同寬，挺胸，身體往前傾約 45 度，雙手舉起毛巾置於頭部前端。

>>

保持上半身角度不變，雙臂將毛巾往後方外側拉開，意識到肩胛骨的活動，同時順勢將毛巾移到頭後方。

>>

雙臂持續將毛巾往外拉，降下雙臂，背部兩側的肩胛骨會有明顯的拉近感。

PART.
5
─ 廣背肌

65

無論在工作或是客廳都可以做的划船運動
毛巾上拉
TOWEL ROWING

看電視時，或是工作休息時，不妨淺坐在椅子上，用毛巾做上拉動作。只要背脊挺直，讓左右邊的肩胛骨靠近，就能達到訓練效果。

COUNTS
10 次×3 組

淺坐椅上，挺胸，身體往前傾，背部拉直。將毛巾套在腳底，腳跟著地，雙手與肩同寬，伸直握住毛巾。

>>

背脊挺直，保持上半身角度不變，將毛巾往上拉，手肘逐漸往後。

>>

再繼續往上拉，吐氣，注意背脊不要拱起，讓上臂和地板呈平行狀，左右肩胛骨盡可能靠近。

Contents

Target
豎脊肌

豎脊肌是從脊骨延伸到腰骨，覆蓋住整個背部中心部的縱向細長肌肉，顧名思義，能讓脊柱立起來，也能挺直背脊，保持正確姿勢。

PART. 6 — 豎脊肌

66

訓練脊骨旁的肌肉
蝦型背部伸展
PRAWN BACK EXTENSION

開始進行豎脊肌的運動項目，第一個是被運動性社團列為背肌運動的「蝦型背部伸展」。不要利用反作用力，而是慢慢把背部反折。

COUNTS
20 次×3 組

趴著，雙腳放直，雙手略彎，放在頭部兩旁。慢慢地把雙肘和雙膝同時往上舉，像蝦子般反折背部，千萬不要利用反作用力。

注意不要使用反作用力勉強抬起，否則容易造成腰痛。一開始做時只要確認到背部肌肉伸展到就好。

67

單調卻很累
手腳交替對舉
ARM & LEG CROSS RAISE

將對角線上的手腳舉起、觸碰的「手腳交替對舉」動作，可以訓練穩定度，也可以訓練豎脊肌。

COUNTS
15 次×2 組

雙手和膝蓋著地，把對角線上的手臂和腳舉起呈一直線。

舉起的單手與單腳往內側彎，準備讓手肘和膝蓋觸碰。此時，得注意保持身體平衡。

手肘和膝蓋在身體正中央觸碰，注意骨盆不要傾斜。

68

強度減弱效果一樣
趴跪舉腳
PRONE LEG RAISE

若因腰痛而無法放心做訓練，這個動作可降低強度，但效果也很好。因此不敢做「蝦型背部伸展」者，可以從這個動作開始做起。

COUNTS
15 次×3 組

雙手和膝蓋著地，頭略抬高，眼睛與地面呈約 45 度，一隻腳離地，往腹部靠近。

往後伸展的腳伸直，和地面保持平行，注意不要讓骨盆搖晃，腳盡可能舉高一點。

往腹部靠近的那隻腳往後方伸出去。注意控制速度，慢慢做。

69

調節強度
捲背伸展
ROLL BACK EXTENSION

健身房裡有鍛鍊背肌的機器，不過要利用自己體重來做訓練，就可以做「捲背伸展」，將拱起來的背慢慢拉開，再挺胸的動作。

COUNTS
20 次×2 組

雙膝著地，手在胸前交握，大腿與小腿呈約 60 度，腰部不下沉，將背部拱起，頭不要碰到地板。

>> 在不移動屁股位置的情況下，依續讓腰部、胸部、脖子起身。

>> 脊椎整個伸展開後，確實挺胸。

增加強度的做法
跳傘式背部伸展
SKYDIVE BACK EXTENSION

將腹部壓在椅子上，趴著的動作，可以增加後背延展的負荷強度。

COUNTS
15 次×2 組

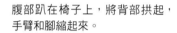

腹部趴在椅子上，將背部拱起，手臂和腳縮起來。

>>

以腰部為支點，將身體撐起，讓手臂和腳呈一直線。

>>

順勢將手臂和腳盡可能舉高，注意背部不要過度反折，以免導致腰痛。

辦公桌旁就可以做
坐姿背部伸展
SEATED BACK EXTENSION

與「彈力拉繩上拉」動作很像，不過上拉是讓肩胛骨靠近，而此動作是讓股關節伸展。

COUNTS
15 次×2 組

將彈力拉繩套在雙腳的腳底，腳跟著地，背部拱起，雙手抓著彈力拉繩。

>>

把拱起的背部伸直，慢慢伸展股關節，手臂慢慢伸直，手肘不要彎，不要用手肘力量拉彈力拉繩。

>>

確實伸展股關節，呈現挺胸坐姿，手臂伸直。

72

用毛巾增加強度
毛巾背部伸展
TOWEL BACK EXTENSION

和「坐姿背部伸展」一樣，以毛巾取代彈力拉繩可以提高強度。意識到確實伸展股關節，就能練到豎脊肌。

COUNTS
15 次×2 組

用「坐姿背部伸展」一樣，將毛巾套在雙腳腳底，腳跟著地，背部拱起，雙手抓著毛巾。

>>

雙手張開與肩同寬，拉毛巾，把拱起的背部伸直，慢慢伸展股關節，手臂慢慢伸直，手肘不要彎，不要用手肘力量拉毛巾。

>>

確實伸展股關節，呈現挺胸坐姿，手臂伸直。

73

躺著就可以做
仰臥提臀
SPINE HIP LIFT

只要幾個步驟的簡單動作，就能擁有極佳的效果。仰臥，將膝蓋立起，接著提起臀部，讓脊椎離地，保持肩膀到膝蓋呈一直線就好！

COUNTS
25 次×3 組

仰臥，膝蓋立起，腳底貼地，雙手置於身體兩側。

>>

慢慢讓腰部離地，使肩膀、腰部、膝蓋呈一直線。

打造翹臀
仰臥單腳提臀
ONE LEG SPINE HIP LIFT

這個動作除了可鍛鍊豎脊肌，單腳抬起還可提高負荷強度，當然也可以練到臀部。

COUNTS
12 次×3 組

仰臥，膝蓋立起，腳底著地，其中一隻腳往上抬起。

>>

保持單腳抬起，抬起的那隻腳慢慢將腰部抬起，使膝蓋、腰部、肩膀呈一直線。

加強訓練強度
抗力球背部伸展
BALL BACK EXTENSION

腳底緊貼牆壁固定，腰部和大腿趴在抗力球上，手放在耳朵旁，做背部延展。利用抗力球不易穩定的特性來提高強度。

COUNTS
20 次×3 組

腳底緊貼牆壁固定，腰部和大腿趴在抗力球上，身體略微彎曲，手放耳朵旁。

>>

保持這種姿勢，以腹部為支點，慢慢抬起上半身。

>>

上半身確實起身，直至腰部略微離開球面。

76

使用背肌力量
背式抗力球屈體
BACK JACKKNIFE

一般「抗力球屈體」是利用腹肌的力量將身體彎曲起來，不過背式抗力球屈體則是利用豎脊肌的力量讓腳跟接近臀部。

COUNTS
12次×3組

單腳背式抗力球屈體
ONE LEG BACK JACKKNIFE

腰部往下沉，手放在肩膀正下方，雙腳腳跟放在抗力球上。

和「背式抗力球屈體」一樣，但僅用單腳腳跟放在抗力球上，另一隻腳抬高。

意識豎脊肌收縮，將膝蓋彎曲，讓球往臀部方向拉近。

置於球上的單腳膝蓋彎曲，將球往臀部方向拉近。

雙腳膝蓋往身體靠近，直到整個脊椎彎曲起來。

保持單腳抬起，單腳膝蓋往身體靠近，直到整個脊椎彎曲起來。

Contents

Target
股四頭肌

股四頭肌是位於大腿表面的肌肉，也是人體最大、最有力氣的肌肉之一，能控制腳力，讓大腿、小腿伸屈，維持人體直立姿勢，及跳躍和踢、跑等動作。對女性而言，想要擁有美麗的腿部線條，就得訓練這塊肌肉了。

Part. 7
腿部
> QUADRICEPS FEMORIS

Part7 開始進入腿部訓練，首先從「股四頭肌」開始，這是腳的大塊肌肉之一，鍛鍊這裡可以讓下半身的力量瞬間提高。

PART.
7
腿部

77

打造帥氣腿型
深蹲
SQUAT

深蹲雖然主要是鍛鍊股四頭肌，但對腹肌和骨盆周圍的肌肉，也有明顯幫助，與「伏地挺身」、「仰臥起坐」並列為重要的三大運動項目。

COUNTS
20次×3組

雙腳打開，比肩膀略寬，腳尖微朝向外側，雙臂在胸前交叉。

身體略微前傾，膝蓋朝向腳尖同個方向，慢慢下沉，像是螃蟹腳。

膝蓋不要超出腳尖，
重心往正下方放

此動作的訣竅是像要坐下般，整個重心往正下方放，膝蓋不要超出腳尖，也就是想像屁股往後面翹，如此一來可明顯鍛鍊到大腿。盡可能緩慢地用約 8 秒鐘來做這個動作。

NG!

這樣的深蹲不行！

請注意不要讓膝蓋超過腳尖，這樣會讓屁股太往後翹。腳尖要分別朝向一點和十一點方向，膝蓋也是朝同一個方向彎曲。此外，腳變成內八或是背部彎曲都不行，請注意身體軀幹要正確。

下沉至大腿與地板幾乎呈平行狀態，屁股略往後面翹起，注意不要讓膝蓋超過腳尖。

PART.
7
腿部

78

增加負荷強度
單腳深蹲
ONE LEG SQUAT

聰明地利用椅子或扶手等,挑戰單腳深蹲。單腳不僅可增加強度,同時因為單腳身體較不易穩固,為了保持平衡必須用到全身的肌肉,因而也同時鍛鍊到其他部位的肌肉。

COUNTS
10 次×3 組

為了保持平衡,離地的單腳側以手扶著椅子,將腳往後抬起。

>>

做為支撐力量的那隻腳,慢慢讓彎曲膝蓋,用它來做深蹲。

>>

膝蓋彎到 90 度,注意身體不要左右搖晃或駝背。

79

練練股內側肌
寬距深蹲
WIDE SQUAT

雙腳大幅張開做深蹲動作,可以練到大腿內側股內側肌的內收短肌、內收長肌、內收大肌等,當然整個大腿的肌肉,都可以更結實!

COUNTS
20 次×3 組

雙腳往外側大幅張開,腳尖朝外,手臂在胸前交叉。

>>

慢慢彎曲膝蓋,膝蓋朝腳尖一樣方向蹲下,不要變成內八。

>>

直至大腿和地板呈平行狀,背脊挺直與地板垂直。

80

練股四頭肌（大腿前面）
扭捏深蹲
SISSY SQUAT

一般的深蹲為了訓練整個大腿，因此要求膝蓋不要超出腳尖，但扭捏深蹲是為了鍛鍊大腿前面的股四頭肌，因此必須讓膝蓋超過腳尖。

COUNTS
10 次×3 組

雙腳著地站立，單手扶著椅背，支撐身體。

>>

膝蓋、腰部、肩膀呈一直線，慢慢將膝蓋往前彎曲做出蹲下的動作。
>>

沒扶著椅子的那隻手放鬆，深蹲到腳跟抬起，注意膝蓋、肩膀必須保持一直線。

81

強度再增強
單腳扭捏深蹲
ONE LEG SISSY SQUAT

利用椅子或扶手，挑戰做單腳扭捏深蹲。單手放在椅背上，抬起同側的腳，這樣可強烈訓練另一隻腳的大腿前面，是高階的負荷訓練！

COUNTS
6 次×3 組

單手放在椅背上，支撐身體，同側的腳往後抬起，略微離地，另一隻手放鬆擺在身體旁。和扭捏深蹲一樣，注意膝蓋、腰部、肩膀必須呈一直線，將膝蓋往前慢慢彎曲做出蹲下的動作，直到腳跟抬起。換邊繼續再做。

82

假裝坐在椅子上
空氣座椅
INVISIBLE CHAIR

空氣座椅就是維持深蹲的結束姿勢，約幾十秒後，身體會開始微小震動，因此又名「電動座椅」。

COUNTS
60 秒 ×2 組

雙腳略開於肩膀寬度，腳尖略微朝向外側，雙臂在胸前交叉。身體略微前傾，膝蓋朝向腳尖同個方向，慢慢下沉，直至大腿與地板幾乎呈平行狀態，屁股略往後面翹起，膝蓋不要超過腳尖，保持這個姿勢不動。

115

PART.
7
腿部

83

由弓箭步開始練
原地弓步
STATIC LUNGE

這個動作只要將單腳踏出去保持弓箭步狀態，就可有效鍛鍊大腿前面的股四頭肌和大腿後面的膕繩肌。

COUNTS
15 次×3 組

做好準備動作，單腳往前大步跨出，步距不用太大，讓體重能平均分配於雙腿上，踏出去的那隻腳，膝蓋還不要彎曲。

>>

重心往正下方放，保持上半身直立，後腳下蹲。

>>

後腳下蹲到前腳大腿和小腿呈 90 度後，向上回到預備動作。

84

來點動態動作
動態弓步
DYNAMIC LUNGE

相對於原地弓步，這個動作較具動態感，先把腳大幅往上抬，之後再往前跨出即可。

COUNTS
15 次×3 組

準備姿勢就是普通的站姿，將雙腳張開與肩同寬。

>>

將單腳大幅往上抬，注意不要失去平衡。

>>

抬起的那隻腳向前大步跨出，跨出的步伐要讓大腿有延展感。

>>

重心確實落下，然後回到預備動作。

練出翹臀的弓箭步
後弓步
BACK LUNGE

後弓步不僅可以讓大腿肌肉緊實有力，也可練出翹臀的肌肉。除了基礎的後弓步動作外，也有旋轉後弓步和鍛鍊股內側肌的腳後收弓步。

COUNTS
15 次×3 組

和動態弓步預備動作一樣，雙腳打開與肩同寬，單腳往上抬，往後跨出，跨出的步伐要讓大腿有延展感，同時也可鍛鍊到當作軸心那隻腳的股四頭肌。習慣後別忘了挑戰旋轉弓步和腳後收弓步。

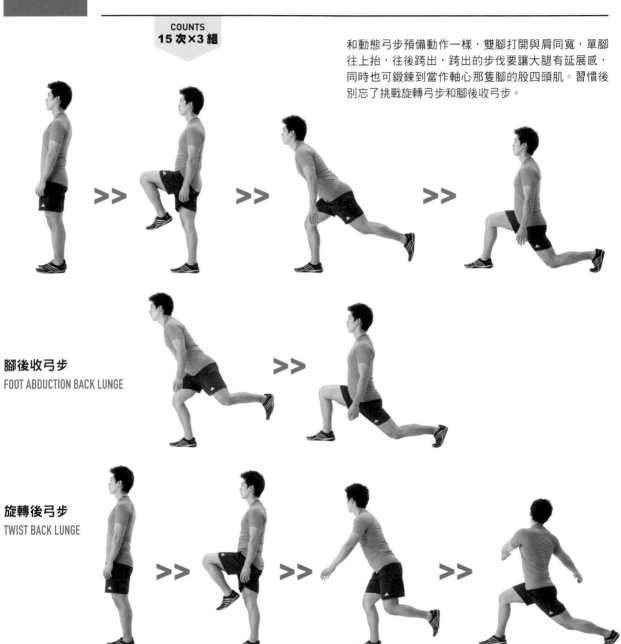

腳後收弓步
FOOT ABDUCTION BACK LUNGE

旋轉後弓步
TWIST BACK LUNGE

86

大腿臀部不錯過
側弓步
SIDE LUNGE

一般弓步都是腳往前跨出，側弓步則是腳往左右兩側跨出，跨出的寬度狹窄，可練股四頭肌；跨出的腳步大，則可練就大臀肌。

COUNTS
15 次×3 組

和動態弓步一樣，將雙腳打開與肩同寬，單腳往上大幅抬起。將抬起的腳往正側方大步跨出，重心移到跨出去的腳上，再回到預備動作。

87

負荷加大的深蹲
保式單腿深蹲
BULGARIAN SQUAT UPPER VERTICAL

此動作可練就整隻大腿的肌肉，動作與「原地弓步」類似，差別在於將後面那隻腳放在椅子上，藉此讓腳的可動範圍變大，增加負荷。

COUNTS
15 次×3 組

背對椅子站直，單腳往後抬，放在椅子上。

著地的腳向前彎曲，腰部下沉，手臂在胸前交叉。

膝蓋彎曲到大腿與地面呈平行狀。

橄欖球員鍛鍊方式
橄欖球選手爭球姿勢
RUGGER'S POSITION

此動作為橄欖球選手爭球（Scrum）時的動作，藉以鍛鍊大腿和身體肌肉及穩定度，因此動作結束時要停幾十秒。

COUNTS
15 次×3 組

身體採跪姿，背脊挺直，手往前伸，雙手放在椅子上，慢慢抬起臀部，讓背部與地面平行，保持這個姿勢約數十秒。習慣這個強度後，就用單腳增加負荷吧！

單腳爭球姿勢
ONE LEG RUGGER'S POSITION

89

鍛錬小腿的基本
小腿上提（提踵）
CALF RAISE

小腿被稱為人的第二個心臟，是身體很重要的部位，鍛錬這個部位的肌肉，可以將從心臟流過來的血液送回心臟。好好訓練這個部位，促進血液循環吧！

COUNTS
50 次×2 組

雙腳打開與肩同寬，腳尖朝向正前方，慢慢把腳跟抬起放下，反覆做墊腳尖和只讓腳跟稍微離地這兩個動作。腳跟不要碰到地面。

90

強度變大的小腿上提
單腳小腿上提
ONE LEG CALF RAISE

建議先從坐在椅子上做起，將腳跟抬起，習慣後，可以以手扶牆做，藉以保持平衡。再來可以將單腳抬起，增加負荷強度。

COUNTS
30 次×2 組

這個動作是腳尖略微朝向內側，以單腳支撐身體的單腳小腿上提。另一隻腳彎膝，使腳尖旋浮在空中。不僅意識腳踝，也要意識到小腿。

Part8 重點在臀部肌肉的鍛鍊。臀部若沒有特別訓練，是很難鍛鍊到的，學習正確姿勢和動作，扎實地鍛鍊吧！

Target
臀部

臀部肌肉大致可說是由臀大肌、臀中肌、臀小肌三塊肌肉所構成，正好處於連接全身動作的關鍵位置，一如上半身和下半身的橋梁般，在統一與協調身體的動作上扮演關鍵的角色。想要保持美麗姿勢，女性想擁有美麗的翹臀，就得好好鍛鍊這部位的肌肉。

Contents

打造美背與翹臀
單腳硬舉
ONE LEG DEADLIFT

單腳硬舉可打造美麗背影，也可鍛鍊穩定度（為了輔佐骨頭及其他肌肉，且維持住姿勢和動作而發揮作用的肌肉）。

COUNTS
10 次×3 組

單手抓住椅背，未抓住椅子的那側膝蓋略微彎曲，腳略微離地。

>>

保持這個姿勢，上半身慢慢往前傾。注意，抓住椅背的手只是為了保持平衡，手臂千萬不要出力。

>>

上半身慢慢往前傾，直到未抓住椅子的那隻手碰到地面。

臀部重點鍛鍊
後傾深蹲
BEHIND LEG SWAY SQUAT

雙腳交叉可確實鍛鍊臀部，只要軸心腳的那側臀部感到緊縮，鍛鍊就到位。

雙腳打開與肩同寬，雙手垂放於身體兩側。

>>

雙腳腳尖朝向正前方，單腳抬起。

>>

COUNTS
15 次×3 組

>>

>>

抬起的腳繞到另一隻腳的後方。

>>

慢慢蹲下，直到身體後方的小腿與地面平行，此時，軸心腳那側的臀部緊縮，表示鍛鍊到位。

股關節不要旋轉，身體保持朝向正面的姿勢，回復到預備動作。

93

鍛鍊翹臀靠這個
椅上保式深蹲
BULGARIAN SQUAT UPPER BENT

一般保氏深蹲主要鍛鍊股四頭肌，不過在椅子上做這個動作，可以將股關節彎曲伸直，鍛鍊出翹臀和起立肌。

COUNTS
20 次×3 組

背對椅子站著，單腳往後抬起，放在椅子上，雙臂抱在胸前。

>>

膝蓋彎曲，上半身往前傾，慢慢讓大腿和腹部靠近。

>>

膝蓋彎曲，上半身往前傾，慢慢讓大腿和腹部靠近。

94

鞠躬道早安
早安體前屈
GOOD MORNING

這個動作就如日本人以鞠躬道「早安」般，將上半身往前傾，可強化豎脊肌、臀肌、膕繩肌。

COUNTS
20 次×3 組

雙腳打開與肩同寬，背脊打直，看向正前方，雙手置於耳朵旁。

>>

上半身往前傾，此時膝蓋盡量保持直立的狀態，挺胸，不要駝背。

>>

屁股往後突出，上半身盡可能往前倒，設法讓背部和地板平行。

負荷少的後踢
後踢
BACK KICK

雙手抓住椅背，保持身體平衡，單腳往後用力抬起。意識到臀部緊縮，讓左右交互做吧！

COUNTS
20 次×3 組

雙手抓住椅背，讓身體保持平衡，單腳稍微離地，此時上半身略微前傾。

>>

以股關節為中心，將離地的單腳往後面抬起。

>>

保持這個姿勢不動，注意腰部不要反折，之後再恢復到預備動作。

強度略微增強
臀部外旋
HIP EXTERNAL ROTATION

四肢著地，單腳往後抬，直至大腿和地面平行。

COUNTS
20 次×3 組

雙手雙腳著地，呈四肢著地的姿勢，背脊打直，頭往上抬。

>>

單腳膝蓋稍微離地，另隻腳膝蓋角度不變，離地的那隻腳往外側旋轉。

>>

將腳抬高到大腿和地面平行，之後再回到預備姿勢。

Part. 9
膕繩肌

> HAMSTRING

Part9 將介紹膕繩肌的鍛鍊方式。膕繩肌的主要功能是伸直髖關節和膝關節。這個部位是許多運動選手最容易拉傷的地方,可見這塊肌肉群是在跑步、跨欄,或短跑衝刺時,是很重要的一塊肌肉群。

Target
膕繩肌

膕繩肌是由股二頭肌、半腱肌、半膜肌這三塊肌肉所構成的,這些肌肉收縮時,可以把膝蓋以下的部位往上拉。因此跑步或踢地的動作時,都會大量使用到這些肌肉群。

Contents

97

躺著就做
臥式腿彎曲
LYING LEG CURL

雙腳腳跟置於椅子上，膝蓋彎成 90 度，做這項運動的重點是要以腰部當自體負荷，讓身體從肩膀到膝蓋呈一直線。

COUNTS
20 次×3 組

仰躺，雙臂放在身體旁邊，手掌貼著地面。雙腳腳跟置於椅子上，膝蓋彎成 90 度，然後讓腰部慢慢離開地面，直到肩膀、腰部、膝蓋呈一直線。

98

強度加強
單腳臥式腿彎曲
ONE LEG LYING LEG CURL

這是以單腳上抬的姿勢，做著臥式腿彎曲的動作，單腳上抬就是以自己的體重增加負荷的動作。

COUNTS
12 次 ×3 組

仰躺，雙掌貼著地面。單腳腳跟放在椅子上，另一隻腳懸在空中，接著讓腰部慢慢離開地面，直到肩膀、腰部，及放在椅子上那隻腳的膝蓋呈一直線。

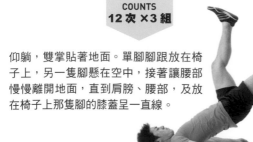

背脊挺直（不彎）！
挺直硬舉
STIFFED DEAD LIFT

保持背脊打直的姿勢，除了減少腰痛等受傷的風險，還可以用這個姿勢做挺直硬舉，集中鍛鍊膕繩肌。

COUNTS
20 次×3 組

雙腳略微打開，站挺，背脊打直。

>>

雙膝固定成一個角度，上半身盡可能往前傾，手臂放鬆，讓身體自然下垂。

>>

上半身前傾至背部與地面呈平行狀態，將手放在身體前面，像是要握住前面的槓鈴。

強度更高的做法
單腳挺直硬舉
ONE LEG STIFFED DEAD LIFT

挺直硬舉的強度習慣後，可以改單腳做硬舉。集中鍛鍊單腳時，也可同時因需要保持平衡而變成鍛鍊穩定度。

COUNTS
12 次×3 組

雙腳略微打開，站挺，單腳往後拉，略微離開地面。

>>

雙膝固定成一個角度，上半身往前傾。

>>

上半身盡可能深深往前傾。

讓你的肌力訓練更上層樓

穩定度訓練

> STABILIZATION

介紹完 100 種肌力訓練的項目，
接下來利用〈穩定度訓練〉來介紹 11 個可以增加
穩定度的運動項目吧！
Stabilization 是「固定」、「穩定」的意思，
顧名思義，就是做某個姿勢後停住不動，
保持平衡，停幾十秒的運動。

Target
連結肌肉和神經

穩定度運動可以讓神經和肌肉保持協
調性，讓姿勢和動作順利取得平衡，
藉此培養順暢活動的運動。不僅可提
高關節可動性和旋轉度，更可提高柔
軟度和穩定度、平衡感等。

鍛鍊軀幹的基本訓練
人體天橋
FRONT BRIDGE

跑步、丟擲東西、踢等各種動作，需要有穩定的軀幹，這個「人體天橋」動作就是能有效鍛鍊軀幹的基本運動。注意，肚子必須確實用力，做出挺直的姿勢。

COUNTS 60 秒

手肘著地

前視圖

先做出伏地挺身的預備姿勢，然後雙肘撐在地上，以雙手手肘及雙腳腳尖撐住身體，保持這個姿勢不動。

手掌著地

先做出伏地挺身的預備姿勢，然後雙手撐在地上，以雙手及雙腳腳尖這四點撐住身體，讓肩部、臀部及腳跟呈現一直線的姿勢。

雙肘的間距約是個人肩膀寬度，祕訣是腹部（腹壓）以外的力氣全部放掉，全身放鬆地做。

抬腳，提高軀幹力
抬腳人體天橋
LEG RAISE FRONT BRIDGE

此動作目的是為鍛鍊軀幹，以「人體天橋」為基礎，單腳抬起，提高負荷的動作。三點支撐個人體重，訓練整個軀幹部位。

COUNTS 60 秒

手肘著地

>>

先做出手肘著地的「人體天橋」預備姿勢，然後將左腳抬起，以雙肘和右腳腳尖這三點支撐住身體。

回到預備動作，換右腳抬起，注意身體不要傾斜。

手掌著地

>>

先做出手掌著地的「人體天橋」預備姿勢，然後左腳抬起，用雙手和右腳的腳尖這三點支撐住身體。

接著換右腳抬起，維持住這個姿勢不動。左右皆做能均衡鍛鍊軀幹。

3

抬手，提高軀幹力
抬手人體天橋
ARM RAISE FRONT BRIDGE

先做出「人體天橋」的預備姿勢，一隻手離開地板往正前方舉起，背脊打直，努力不要讓身體傾斜，如此鍛鍊可以刺激軀幹。

COUNTS
60秒

手肘著地

先做出手肘著地的「人體天橋」預備姿勢，舉起左手，以右手手肘和雙腳腳尖這三點支撐住身體。

肚子持續用力，將右手往前舉起，為了不要讓上半身旋轉，要確實把背脊伸直。

手掌著地

先做出手掌著地的「人體天橋」預備姿勢，舉起左手，以右手和雙腳腳尖這三點支撐住身體。

接著換舉起右手，維持住「人體天橋」的姿勢，為了不要讓身體和骨盆傾斜，肚子用力增加腹壓。

131

全身平衡感的鍛鍊
舉手抬腳人體天橋
ARM & LEG RAISE FRONT BRIDGE

這是先做「人體天橋」的姿勢，然後單手單腳離開地板，挑戰兩點支撐身體的運動。加強對軀幹的負荷，因此要確實增加腹壓，維持住「人體天橋」的姿勢。

COUNTS
45秒

手肘著地

先做出手肘著地的「人體天橋」預備姿勢，然後左手和右腳抬起，以右手肘和左腳的腳尖這兩點支撐住身體。

接著換右手和左腳抬起，保持住「人體天橋」的姿勢。注意骨盆不要傾斜。

手掌著地

先做出手掌著地的「人體天橋」預備姿勢，然後左手和右腳抬起，用右手和左腳的腳尖這兩點支撐住身體。

接著換右手和左腳抬起，維持住「人體天橋」的姿勢，意識到腹肌和背肌用到力。

5

側腹部鍛鍊基本項目
側向平板支撐
SIDE BRIDGE

為了均衡鍛鍊軀幹，也必須確實鍛鍊身體側邊的腹斜肌和腹橫肌，基本動作就是「側向平板支撐」。

COUNTS
60 秒

手肘著地

側躺，右手肘撐在肩膀正下方，以手肘和腳尖這兩點支撐住自己的體重。

換一邊繼續做，此時要刻意讓肩膀、腰部、膝蓋、腳呈一直線。

手掌著地

側躺，右手放在肩膀正下方，撐起身體，用手掌和腳尖這兩點支撐住自己的體重。

換一邊繼續做，此時的重點是要確認身體側邊的腹斜肌是否用到力。

6

抬腳強化身體側邊
抬腳側向平板支撐
LEG RAISE SIDE BRIDGE

為了有效鍛鍊身體側邊，就以「側向平板支撐」為基礎，再把單腳抬起，增加負荷。重點是要確實保持肩膀、腰部、膝蓋、腳呈一直線。

COUNTS
45秒

手肘著地

先做出手肘著地的「側向平板支撐」預備姿勢，然後抬起左腳，保持這個姿勢不動。

∨

意識到是否練到身體側邊的肌肉（腹斜肌、腹橫肌），是做這個動作的重點。

手掌著地

先做出手掌著地的「側向平板支撐」預備姿勢，然後抬起左腳，保持這個姿勢不動。

∨

注意不要讓身體變成〈字型，肚子用力，保持身體呈一直線的姿勢不動。

7

背部、臀部肌肉鍛鍊法
臂腿交叉抬舉
ARM & LEG CROSS RAISE

背部和臀部的肌肉是讓軀幹穩定很重要的部位，「臂腿交叉抬舉」這個動作能夠鍛鍊這兩塊肌肉。注意身體保持平衡，不要左右搖晃。

COUNTS
15次×2組

趴著，左手和右腳離開地板，用右手和左腳這兩點取得平衡，保持這個姿勢不動。

>>

換手換腳做，臉往正前方看，做時要意識到背部和臀部肌肉用到力。

8

強化身體側邊的動作
臂腿側抬平板支撐
ARM & LEG RAISE SIDE BRIDGE

此為提高軀幹穩定度的動作，先做「側向平板支撐」動作，然後把單手、單腳抬起，保持這個姿勢不動，肚子用力，維持平衡。

COUNTS 30秒

手掌著地

先做出手掌著地的「側向平板支撐」預備姿勢，然後把左手和左腳抬起，保持這個姿勢不動。

>>

另一邊也用同樣方式做，意識從頭到腳尖，要直挺挺保持住身體中心軸。

9

鍛鍊背部和臀部
背拱橋
BACK BRIDGE

和「臂腿交叉抬舉」一樣，此項目可鍛鍊軀幹（特別是背部）和臀部，訓練重點是以身體為中心軸，保持全身呈一直線的狀態。

COUNTS 60秒

手肘著地

手掌著地

雙肘置於肩膀正下方，以背肌和臀部肌肉的力量撐起身體離開地面，保持肩膀、腰部、膝蓋、腳呈一直線的姿勢。

雙手放在肩膀正下方，以背肌和臀部肌肉的力量撐起身體離開地面，保持肩膀、腰部、膝蓋、腳呈一直線的姿勢。

背部和臀部再強化
抬腿背拱橋
LEG RAISE BACK BRIDGE

這是對背部和臀部增加負荷，強化軀幹的運動。先做「背拱橋」姿勢，然後單腳離開地面，以三點確實支撐身體。

COUNTS
45 秒

手肘著地

先做出手肘著地的「背拱橋」預備姿勢，再舉起右腳，保持肩膀到腳呈一直線的姿勢。

接著換腳做。在做時，確認用到背部和臀部的肌肉。

手掌著地

先做出手掌著地的「背拱橋」預備姿勢，再舉起右腳，保持肩膀到腳呈一直線的姿勢。

接著換腳做。腳抬起時，邊看著前面邊保持身體平衡。

提高軀幹穩定度
坐姿旋轉身體
SITTING ON BALANCE DISC TWIST

利用平衡訓練氣墊，讓身體左右旋轉，平均鍛鍊腹肌、背肌、臀部的肌肉、腿的肌肉和全身肌肉，藉以提高軀幹的穩定性。

COUNTS
10 次×2組

腳跟著地

坐在平衡訓練氣墊上，腳跟著地，膝蓋彎曲，張開雙手保持平衡。

腳維持原來的姿勢，保持身體中心軸，慢慢將身體往右旋轉，停止不動。

張開雙手保持平衡，腳維持原來的姿勢，保持身體中心軸，讓身體往左旋轉。

腳跟不著地

坐在平衡訓練氣墊上，膝蓋彎曲，腳跟離地，張開雙手保持平衡。

腳維持離地的姿勢，保持身體中心軸，慢慢地將身體往右旋轉，停止不動。

肚子用力，保持這個姿勢，張開雙手保持平衡，慢慢地將身體往左旋轉。

讓肌力訓練成果

3步驟調整飲食
改造體格大作戰
Muscle training Power UP

想要擁有迷人的肌力，或穠纖合度的身材，除了肌力訓練外，合宜的飲食也是訓練的條件之一。此章節特別為想達成健身目的的讀者，設計讓肌力訓練大進化的飲食計畫，從攝取適合自己的飲食開始，打好身體基礎，確實往理想的體格前進。一步一步慢慢前進，打造好身材不是夢！

STEP
1

檢視平時的嗜好、飲食與生活習慣
徹底確認
現在的身體！

大躍進！

STEP
2

配合各類型體質
改善飲食調節身體

STEP
3

打造理想體格不可或缺的聰明營養補給術
按照目標分類，
肌力訓練後的加碼食譜。

監修
川端理香

營養管理師，運動營養
師。「Nutrition Consulting
WATOSO NIA」代表，日
本奧運委員強化負責人員。
除了幫助專業選手做個別的
營養設計之外，還在各地演
講，並執筆。著作有「打造
足球選手獲勝體格的營養及
飲食」（大泉書店出版）等。

STEP
1

STEP 1

檢視平時的嗜好、飲食與生活習慣

徹底確認
現在的身體！

首先要徹底認清自己的身體狀況，重新檢視飲食內容、生活習慣，找出偏食的習慣或容易發胖的飲食習慣或嗜好。

檢視下面的清單，若選出的結果有同樣數目，下一頁的解說就逐步詳閱同時實踐。

飲食重點和推薦食材，對打造理想體格應有明顯幫助。

飲食習慣檢視清單

符合你的類型

黑色字體的問題中，若有符合的項目，請在方格內打勾。再從每一個打勾的方格，所對應到的藍色粗體英文字母，將相同的字母數量相加，所得到的最多數量，即為你所屬的類型。

	檢視項目	符合你的類型
☐	腰圍超過 85 公分（女生超過 95 公分）	A B C D E F
☐	完全不運動	A B C D E F
☐	平常習慣吃到非常飽	A B C D E F
☐	最近感到肚子凸出	A B C D E F
☐	晚餐吃得很豐盛	A B C D E F
☐	超愛吃重口味和油膩料理	A B C D E F
☐	不怎麼吃蔬菜和水果	A B C D E F
☐	飯都是吃加大碗的！	A B C D E F
☐	愛喝酒，總是深夜小酌	A B C D E F
☐	常常沒吃正餐	A B C D E F
☐	常吃餅乾和甜點	A B C D E F
☐	喜歡運動，幾乎每天都會活動身體	A B C D E F
☐	開始運動，食量也變大了	A B C D E F
☐	運動後吃得更多	A B C D E F
☐	有時覺得身體變重了，活動變遲鈍	A B C D E F

　　原以為對自己最了解，實際上，似乎並不那麼清楚。一周內吃了幾次豆製品？吃了幾次魚？是不是一去便利商店就順便買了甜點？如此一問，一定會發現有些東西自己在無意識中避開，或是發現一些平常沒注意到的嗜好。

　　「這些事和肌力訓練沒關係吧！」有這樣想法的人得特別注意。成見及無意識的習慣，最容易影響到肌力訓練的效果。例如想讓肚子變小，而開始做肌力訓練，依據肌力訓練教科書裡的內容，喝蛋白質營養補充食品、吃肉，卻因卡路里過高，導致肌力訓練的效果埋沒在脂肪裡。

　　如果想靠肌力訓練改造體格，一開始需要做的事，並非急速增加蛋白質，而是先穩固能夠打造體格的基礎。為此，首要之務是先了解自己身體哪裡薄弱，哪裡需要補強。因此建議先檢視這 30 個項目，認清自己身體的現狀及飲食習慣吧！

符合你的類型

	A	B	C	D	E	F
☐ 有時有強烈的食慾			C			
☐ 盡量走路或騎腳踏車，或爬樓梯				D		
☐ 算是具有很多營養方面的知識				D	E	
☐ 注重飲食均衡				D	E	
☐ 有想要達成的運動目標				D		
☐ 有些肌肉，不過想要更結實				D		
☐ 總是吃同樣的東西					E	F
☐ 容易疲勞，疲勞無法消除	A				E	
☐ 隨時做伸展操				D	E	
☐ 常被說肌膚乾燥、臉色不佳	A				E	F
☐ 容易便祕或拉肚子		B			E	
☐ 容易生病					E	F
☐ 很瘦					E	F
☐ 不喜歡吃東西，也不喜歡運動					E	F
☐ 食量小，吃不多					E	F

>>>

診斷結果

有些人可能看了診斷結果會驚呼「怎麼會這樣？」，不過察覺無意識當中做的壞習慣很重要，這是改革體型、往前邁進一步的證明。

A 運動量不足的代謝症候群

雖然腦子裡知道，卻無法改掉吃太多的習慣！

幾乎沒什麼運動機會，經年運動不足，而且超愛吃，每天晚上都吃得飽飽的，在幸福的心情下就寢。日積月累下，身體積滿了體脂肪，因此除了要養成隨時運動的習慣外，最重要是要改變飲食習慣！

B 肥胖體型的儲備軍

乍看之下好像是一般的體型不過脂肪正悄悄地堆積在肚子上

準備開始變胖的你，會從看不到的地方開始累積脂肪。無法戒掉吃甜食的習慣、或一吃就停不下來、常常不吃早餐、晚餐總是很晚吃、習慣晚上喝酒，有這些習慣的人要特別注意。以如此飲食生活持續下去，馬上就會有代謝症候群了。

C 明顯的肥胖

即使常運動，也不斷吃喝，結果卡路里還是過多。

很多人雖然隨時在運動，吃喝方面卻不節制。「我會運動！」這個擋箭牌已經不管用了，得重新審視飲食的內容和份量。

D 健康的運動員

確實做運動及攝取營養！
擁有健康的身體。

騎車上下班或跑步、平常就有運動習慣，也確實攝取營養，非常健康。保持現在的運動習慣吧！接下來就靠能讓疲勞消除、保養肌肉的飲食，確實修復你的身體，這樣就萬無一失了。

E 迷思健康者

有錯誤的健康取向，
導致營養不足、滋潤度不足！

健康意識很高，常挑戰新的減肥方式，嘗試話題性運動，也注意飲食，不過稍微偏食。太過努力的結果就是營養不足、滋潤度不足，不知不覺間太過疲勞，先改掉偏食這個習慣吧！

F 虛弱的瘦子

運動量不足、吃得又少，
肌肉也很少的瘦弱體質。

獨居的年輕男性大多是這種類型，也就是所謂營養不良的瘦弱男。如果身體還健康也就算了，若是容易感冒或感到疲累，就要注意了。注意飲食內容，養成活動身體的習慣，也可以打造出較小塊的肌肉。

配合五大類型體質
改善飲食調節身體

STEP 2

為了讓肌力訓練的效果累積起來，要有充分的準備。必須把偏離正軌的基礎調整好並穩固，配合前面測試的各類型體質，調整飲食習慣。

　　知道自己所屬類型體質後，就先從檢視飲食內容開始。只要發現「想想我好像這一整周都沒有吃到豆製品」，就刻意吃一下，只要發現「好像沒吃到什麼蔬菜水果」，就買一些蔬菜水果來當早餐吃。即使是甜點，只要有吃太多的自覺，也能萌生少吃點的意識。這種自覺以及阻斷壞習慣的意志力可以改善飲食習慣，強化身體的基礎。

　　接下來，就開始具體改變飲食內容。首先，從「打好基礎的飲食四大重點」開始，簡言之，就是「吃早餐打開代謝的開關，確實攝取蔬菜，細嚼慢嚥，晚上不要吃太多，魚類肉類、蔬菜和飯都要均衡攝取。」

　　如果你飲食意識變高的話，這種程度應該難不倒你。接下來只要遵從診斷結果，配合各種類型改變飲食內容，選擇能補強弱點的食材，均衡搭配就好。當然，打造理想的身體並非一蹴可幾，每天持續攝取正確飲食，如此身體裡就完成了能夠完全吸收肌力訓練的效果的穩固基礎了。

打好基礎的飲食四大重點

1

早餐要確實吃，打開代謝的開關！

睡覺時，身體的代謝開關處於關閉狀態，為了將代謝開關打開，讓營養能順利變成能量，早餐是不可或缺的。不吃早餐的話，午餐吃下去的食物會完全變成脂肪，要特別注意！

2

與其在意卡路里，不如注重均衡！

只在意卡路里是無意義的，肉類、魚類、蔬菜、米飯、動物性、植物性，營養均衡，不偏食地吃，很自然地就能攝取到適當的卡路里。注意，只吃飯和肉來控制卡路里，是絕對不行的！

3

聰明調節血糖值，控制食慾。

血糖代謝紊亂會影響食慾，也是導致肥胖的原因。為了預防飯後血糖值急速上升，充分攝取食物纖維豐富的蔬菜及細嚼慢嚥，對維持血糖穩定有明顯效果。

4

晚上容易累積脂肪，減少糖分 & 脂肪的攝取！

晚上活動量較少，鐵律就是不要吃太多，特別是九點以後，身體會啟動累積模式，沒消耗掉的營養就會轉換成體脂肪，特別是糖分和脂肪很容易變成體脂肪，要少吃。

STEP 2

運動量不足的代謝症候群
不運動，總是吃太多，肚子凸出。

Change！改善方式！
靠滿足咀嚼慾望的菜單，
強制中止吃過多的習慣！

「只要吃得很飽就感覺很幸福！」有這種想法的人，就要活用能滿足咀嚼慾望的食材，章魚、花枝、肉類切成塊狀取代薄片；蔬菜料理也不要選擇葉菜類，而是以白蘿蔔、紅蘿蔔、芹菜和花椰菜等需要咀嚼較久的食物為主。確實咀嚼能刺激飽腹中樞，自然就能預防吃過多。

☑ 超愛吃油膩料理
☑ 腰圍超過 85 cm
☑ 平常習慣吃到非常飽

Pick up Food

- 章魚
- 洋蔥
- 菇類
- 番茄

隨時補充讓血液清澈的食材
很有嚼勁的章魚是脂肪少、蛋白質高的優異食材，可以促進脂肪燃燒，減少膽固醇，保護肝臟作用的牛磺酸也很豐富。富含食物纖維、可預防血糖值急速飆高的菇類，以及能讓血液清澈的洋蔥和番茄，都能有效擊退代謝症候群。隨時補充吧！

章魚和菇類佐番茄醬汁

材料（一人份）
水煮章魚 · · · · · · · · 80 克
舞菇、金針菇、蘑菇等 · · · 60 克
蒜頭 · · · · · · · · · · 1 顆
水煮番茄罐頭 · · · · 1/2 罐(200 克)
高湯粒 · · · · · · · · 1 小匙鹽
黑胡椒 · · · · · · · · · 少許

做法
1. 章魚切成一口大小，舞菇、金針菇、蘑菇切成容易入口的大小，蒜頭切碎。
2. 鍋子裡放入 200 毫升的水，煮沸後，倒入水煮番茄罐頭，放入高湯、做法 1 的材料，燉煮。
3. 加入鹽、黑胡椒調味。

花椰菜雞蛋的 洋蔥黃芥末沙拉

材料（一人份）
花椰菜 · · · · · · · · 50 克
雞蛋 · · · · · · · · · 1 個

〔A〕
洋蔥切末或磨碎 · · · 1/4 個
黃芥末粒 · · · · · · 1 大匙
醋 · · · · · · · · · 2 小匙
鹽 · · · · · · · · · 1 小撮

做法
1. 水煮雞蛋，最後兩分鐘加入切成小朵的花椰菜，燙熟備用。
2. 將水煮蛋切成四等份，和花椰菜混合在一起，加入〔A〕攪拌。

全麥麵包 · · · 1 片（約 70 克）

POINT

只要活用食材的鮮味，不用油也能得到充分的滿足感。
肉類和油的鮮味很誘人，不過蔬菜的鮮味也不容小覷。番茄和洋蔥裡擁有和高湯一樣的鮮味，只要聰明活用，不使用油，也可以得到充分的滿足感。在水煮番茄裡加入辣椒及辣醬，還可促進脂肪燃燒。副菜的花椰菜口感可以略硬些，增加嚼勁，更增添飽足感。

STEP 2

肥胖體型的儲備軍
一疏忽，就會變成肥胖代謝症候群喔！

預防血糖值急速飆升，多攝取食物纖維多的食物。

此類型的人多為血糖代謝紊亂、代謝低下，很有可能陷入容易變胖的循環。血糖值代謝紊亂會加速脂肪堆積，誘發強烈的食慾。首先，養成確實吃早餐的習慣，規律飲食，多攝取蔬菜及海藻等富含維他命、礦物質、食物纖維的食物，讓血糖值恢復正常。

☑ 最近感到肚子凸出
☑ 總是深夜小酌
☑ 常常沒吃正餐

Pick up Food

· 海藻　　　· 蕎麥麵
· 豆製品　　· 黑醋

**充分活用日式食材，
打造不易累積脂肪的身體！**
推薦多吃海藻、納豆等豆製品及蕎麥麵，因這些是富含可維持血糖值正常的食物纖維的食材，豆製品也富含維他命B群，有助於提高代謝。黑醋可分解脂肪、讓血液清澈，不妨多多食用。

蕎麥麵水加蔥

材料（一人份）
煮蕎麥麵的水 · · · · · · · 1 杯
日式醬油 · · · · · · · · 1 大匙
薑泥 · · · · · · · · · 1 小匙
細蔥 · · · · · · · · · · 適量

做法
1. 把日式醬油、薑泥、切碎的細蔥放入碗裡，倒入溫熱的蕎麥麵水。

POINT

很晚吃晚餐時就靠阻斷脂質撐過去！
晚上九點以後才吃晚餐的話，鐵律就是阻斷脂質、控制糖分，也盡量不要吃很難消化的肉類。選用十割蕎麥麵（十成蕎麥粉，又稱作生蕎麥）或二八蕎麥麵（二成麵粉混合八成蕎麥粉），深夜的話，最好只吃半束。在富含多酚的蕎麥麵水裡，加入茗荷和青蔥，也有促進血液循環及讓血液清澈的功效。

和布蕪納豆蕎麥麵

材料（一人份）
蕎麥麵（乾）· · · · · 70 g
和布蕪* · · · · · · 1 包(50g)
納豆 · · · · · · · · 1 盒(50g)
青紫蘇葉 · · · · · · · 3 片
茗荷（蘘荷）** · · · · · 1 個
芝麻 · · · · · · · · · · 適量

* 為裙帶菜的根部，是營養素極高的藻類。
** 薑科植物，台灣稱之為蘘荷，花蕾為可食用部分。

〔A〕
原味麵露 · · · · · · · · 1 杯
黑醋 · · · · · · · · · 2 小匙

做法
1. 煮蕎麥麵（撈出 1 杯麵水）。青紫蘇葉和茗荷切絲。
2. 把蕎麥麵盛到碗裡，加上和布蕪、納豆、青紫蘇葉、茗荷，灑上芝麻，淋上A。

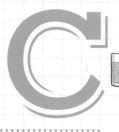

STEP 2

明顯的肥胖
運動這個擋箭牌已經不管用了。

強化維他命 B 群，
促進代謝，不讓脂肪累積！

為了把囤積在身體上的脂肪消除，戒掉零食是第一步，藉以阻斷多餘的卡路里。運動完也盡量不要喝啤酒或清涼飲料！而飲食的鐵律則是選低脂肪高蛋白質食物。除了要攝取富含促進代謝的維他命 B 群食物——豬肉和黃豆外，在料理上也要多些巧思，例如將肉切成塊狀，增加咀嚼感，預防多吃。

☑非常喜歡運動
☑飯都是吃加大碗的！
☑運動後吃得更多

Pick up Food

· 咖哩粉、辣椒　　· 黃豆食品
· 豬里肌肉、豬腿肉　· 檸檬

靠低脂肪的蛋白質與辣味、酸味，讓代謝力增強！

關於蛋白質來源，推薦脂肪少、又富含能促進代謝的維他命 B 群的豬肉和黃豆。豬肉選擇脂肪少的里肌肉和大腿肉，再搭配促進脂肪燃燒的咖哩粉和辣椒、獅子唐辛子以及幫助代謝的檸檬，效果更好。

豬肉和黃豆的檸檬咖哩醬

材料（一人份）
豬腿肉或里肌塊 · · · · · 80 克
水煮黃豆 · · · · · · · 50 克
荷蘭芹 · · 適量　　黑胡椒 · · 適量

〔A〕
檸檬汁 · · 1 大匙　　　醋 · · 2 小匙
咖哩粉 · · 2 小匙　　　鹽 · · 1/4 小匙
橄欖油 · · · · · · · · · 1 小匙

做法
1. 將豬肉切成一口大小，煮熟後以冷水沖一下，荷蘭芹切碎備用。
2. 將豬肉、水煮黃豆、荷蘭芹拌在一起，加入〔A〕攪拌均勻，灑上黑胡椒。

POINT

覺得飽足感不夠時，就是馬鈴薯出現的時機了！

使用切塊的豬肉，咬的次數自然就增加了，如此一來能夠刺激飽腹中樞，預防吃太多。馬鈴薯中的膳食纖維也有同樣的作用，因此一餐攝取一個馬鈴薯還不錯。只是，通常用炸馬鈴薯多加了美乃滋，脂肪太多，因此建議以炒的、蒸的、或煮湯來食用較好。

胡椒口味炒獅子唐辛子和馬鈴薯

材料（一人份）
獅子唐辛子* · · · · · · 5 根
馬鈴薯（中） · · · · · 1 個
大蒜 · · · · · · · · · 2 顆
橄欖油 · · · · · · · · 2 小匙
鹽、黑胡椒 · · · · · · 適量

* 獅子唐辛子是辣椒的變種，唐辛子是辣椒之意，而這種辣椒的頂端就是獅子頭一般而得名。吃法包括水煮、炸，或者跟醬油一起燉煮。

做法
1. 獅子唐辛子去籽，馬鈴薯切成 1 公分厚的半月形，大蒜以刀子拍扁備用。
2. 橄欖油倒進平底鍋，熱油，炒做法 1 的材料，炒熟後加入鹽、黑胡椒調味。

全麥麵包 · · · 女性1片（70克）
· · · 男性1～2片（約140克）

STEP 2

健康的運動員
保持現在的身體狀態吧！

靠維他命、礦物質、抗氧化食材，
全面保養肌肉。

確實運動、均衡飲食，屬於非常健康類型。就以維持現狀，打造更結實的身體為目標吧！以低脂肪高蛋白質的飲食為基礎，再補充能量來源的糖分，以及運動會消耗掉的維他命和礦物質，和積極攝取促進消除疲勞的檸檬酸和抗氧化食材。

☑ 幾乎每天都運動
☑ 有想要達成的運動目標
☑ 有些肌肉，不過想要更結實。

Pick up Food

· 雞胸肉　　· 乳製品
· 甜椒　　　· 檸檬

用抗氧化食材隨時擊退運動疲勞！

脂肪少高蛋白質的雞胸肉，因含有預防疲勞功效的「咪唑二肽」化合物，是運動選手的必備食材，另外甜椒和牛奶也很不錯。甜椒富含抗氧化作用的辣椒紅素、維他命C，而牛奶則富含肌肉運動時不可或缺的鈣質。

雞肉炒甜椒

材料（一人份）

雞胸肉 ・・・・・・・・・・・ 100 克
甜椒（紅椒、黃椒）・・・・・ 各 1 個
油 ・・2 小匙　　黑胡椒 ・・・適量

〔A〕

烏斯特醬 * ・・1 小匙　　醬油 ・・1 小匙
蒜泥、薑泥・・・・・・・・・ 各 1 小匙

* 英式料理的調味料，微辣的口感，外觀及味道都很像台灣烏醋。

做法

1. 雞肉切成一口大小，甜椒切半，再斜切。
2. 油倒入平底鍋，炒雞肉。炒熟後加入甜椒，稍微拌炒一下，再加入〔A〕拌炒，最後灑上黑胡椒。

POINT

吃海藻和蔬菜等配菜，強化維他命、礦物質。

將雞胸肉裡富含的「咪唑二肽」化合物和維他命C一起攝取，能有預防疲勞的效果，若能和富含維他命C的甜椒搭配，效果一級棒。因運動而消耗掉的維他命、礦物質就靠吃海藻、乳製品、蔬菜等確實補充吧！

韓式涼拌毛豆和羊栖菜

材料（一人份）

水煮羊栖菜・・・・・・・・・ 60 克
冷凍毛豆・・・ 約 15 串（實重 30 克）
長蔥・・10 公分　　芝麻・・1 大匙

〔A〕

橘醋醬・・1 大匙　　芝麻油・・1 小匙
七味辣椒粉・・・・・・・・・・・ 適量

做法

1. 長蔥切斜薄片，用一小撮鹽稍微搓揉，從毛豆莢裡取出毛豆。
2. 將所有材料都放進盆裡，拌勻。

雜糧飯・・女性 160 克　　男性 180 克

豆腐和菠菜的牛奶湯

材料（一人份）

豆腐・・1/4 塊　　　　菠菜・・30 克
低脂牛乳・・・・・・・・・ 100 毫升
高湯粒・・1/2 小匙　鹽、胡椒・・適量

做法

1. 豆腐切丁，菠菜隨意切。
2. 鍋子裡放入一杯水，煮沸後，加入豆腐、菠菜稍微燙一下，之後加入高湯、牛奶，再加熱一下，放入鹽、胡椒調味。

STEP 2 健康迷思者
健康概念若一步錯，就步步錯了！

攝取為身體帶來彈力與潤澤的
蛋白質及優質的油！

首先，要確實補給能量來源的糖分，另外成為身體材料之一的蛋白質也必須攝取。每餐一定要攝取肉類、魚類、蛋、乳製品、黃豆製品的其中一項。大家在意的油脂，實際上也是很重要的營養素，不夠的話，容易讓肌膚乾燥、免疫力降低、血液循環不佳。橄欖油和青背魚擁有優質的油脂，適量攝取就沒問題。

☑ 算是有很多營養方面的知識
☑ 疲勞無法消除
☑ 容易便祕或拉肚子

Pick up Food

・義大利麵　　・堅果
・青背魚　　　・柑橘類

靠高蛋白質的義大利麵補充能量來源。
這種類型的人多是蛋白質不足的人，因此與其吃米飯，或許含不少蛋白質的義大利麵更加推薦。至於蛋白質來源，就吃能讓血液清澈的青背魚，同時也要攝取堅果類和柑橘類。堅果類含有鈣質和鎂、食物纖維、抗氧化作用及擁有促進血液循環功效的維他命 E，而柑橘類則含有豐富的維他命 C。

罐頭沙丁魚和芝麻菜、杏仁片義大利麵

材料（一人份）
義大利麵・・・・・・・・・ 100 克
罐頭沙丁魚・・・・ 50 克（約 1/2 罐）
芝麻菜・・30 克　　番茄・・1/2 個
大蒜・・1 顆　　　　杏仁・・約 10 顆
橄欖油・・1 大匙　鹽、黑胡椒・・適量

做法
1. 大蒜切碎、芝麻菜隨意切、番茄切丁備用。煮義大利麵。
2. 平底鍋倒入油，熱油後，放入大蒜、罐頭沙丁魚稍微拌炒，關火。
3. 放入煮好的義大利麵攪拌，灑上鹽、胡椒調味，再加入芝麻菜、番茄、杏仁粒，攪拌均勻。

紅蘿蔔湯

材料（一人份）
紅蘿蔔（中）・・・・・・・・ 1/4 根
火腿・・2 片　　高湯粒・・1/2 小匙
鹽、黑胡椒・・・・・・・・・ 適量

做法
1. 紅蘿蔔、火腿切細絲備用。
2. 鍋子裡倒入一杯水，煮沸後，加入高湯粒、做法 1，最後以鹽、黑胡椒調味。

葡萄柚楓糖漿優格

材料（一人份）
葡萄柚・・・・・・・・・・・ 1/2 個
優格・・・・・・・・・・・・ 100 克
楓糖漿・・・・・・・・・・・ 1 大匙

做法
1. 將葡萄柚果肉取汁，取出時擠出的汁液也要留著。
2. 將做法 1 放進容器裡，加入優格，淋上楓糖漿或蜂蜜。

POINT

適量攝取優質油脂，增加身體滋潤度。
橄欖油即使加熱也不會氧化，所以也可以當作平常炒菜的油使用。它含有能改善肝臟及腸胃功能、活化新陳代謝的「鯊烯」，因此建議每天至少攝取 1 大匙。青背魚的油脂可讓血液清澈，還有促進脂肪燃燒的作用，雖然一接觸到空氣就會氧化，但和黃綠色蔬菜及堅果類一起攝取就沒有問題。因為這些食材含有抗氧化作用的維他命 A、C、E。

虛弱的瘦子
提出幹勁吧，首先一定要吃東西。

**確實吃早餐，
調整體內規律。**

沒吃、吃得很少、偏食，這種類型的人就是懶得吃東西，對這種類型的人最有效的方式就是養成吃早餐的習慣。如果無法吃上很豐盛的早餐，就從蛋拌米飯或三明治開始。從吃早餐開始調整體內規律吧！聰明活用蛋或起司等營養價值高的食材，即使吃的量不多，也能充分補充營養。

☑ 很瘦
☑ 不喜歡吃東西，
　也不喜歡運動。
☑ 容易生病

Pick up Food

· 蛋　　　　· 毛豆
· 起司　　　· 黃豆製品

**利用高營養價值的食材，
有效率地補充營養！**
蛋和起司、優格、納豆、豆腐是只要少量食用就擁有高營養價值的食材，食量小的人，不妨聰明活用這些食材。特別是被稱為「完全營養食品」的蛋、不需要特別料理，又富含蛋白質、維他命B群、食物纖維的毛豆等，都是不錯的選擇。儲存一些冷凍毛豆，在忙碌的早晨也能馬上拿出來用。

全麥麵包・・・女性 1 片（70 克）
・・・・男性 1 ～ 2 片（約 140 克）
蜂蜜・・・・・・・・・・・・・1 大匙

___

毛豆乳酪歐姆蛋

材料（一人份）

蛋・・・・・・・・・・・・・・2 個
毛豆・約 10 串（實際重量 20 ～ 25 克）
乳酪絲・・・・・・・・・・・20 克
油・・・・・・・・・・・・・2 小匙
鹽、黑胡椒・・・・・・・・・・適量

做法
1. 將蛋打散，加入毛豆、乳酪絲、鹽攪拌。
2. 平底鍋熱油，倒入做法 1，稍微攪一下，做成歐姆蛋的形狀，灑上黑胡椒。

綜合水果印度優格奶昔

材料（一人份）

香蕉・・・・・・・・・・1/2 根
奇異果・・・・・・・・・1/2 個
牛奶・・・・・・・・・200 毫升
優格・・・・・・・・・・50 克
蜂蜜・・・・・・・・・・2 小匙

做法
1. 將香蕉和奇異果切細碎，放入盆裡，以湯匙壓碎。
2. 加入牛奶、優格、蜂蜜混合。

※ 有果汁機的人，可以加入菠菜和紅蘿蔔等蔬菜，能更加提高營養價值。

POINT

以蛋和起司為基礎，加上蔬菜和水果。
蛋和起司是推薦給骨瘦如柴的人的黃金早餐，以這個為基礎，再加上蔬菜及水果，瞬間營養均衡度大為提高。蔬菜方面，除了營養價值高的毛豆外，也可加入能夠輕鬆補給維他命的番茄和芝麻菜、豆苗等。而水果則不僅能補充維他命、礦物質，也能補充食物纖維和酵素。只要改善腸內環境，就能強化免疫力，改善虛弱體質。

改變一下使用方式，就可成為安心的選擇！
便利商店、外食菜單
挑選祕訣大公開。

午餐、晚餐的組合

1 主食

米飯、麵類、麵包，要選高蛋白質的東西。

肌力訓練期間，要選擇蛋白質多的食物，像是綜合三明治或納豆捲壽司、肉包等，蕎麥麵或簡單的義大利麵也不錯。

2 主菜

肉類、蛋、關東煮的魚板、黃豆食品也行。

肉類的話，不建議選炸物，烤的或炒的則是不錯的選擇。關東煮裡的蛋和豆腐、竹輪、甜不辣等魚漿製品，則是食用的好選擇。

+

對正值拚命工作的人而言，便利商店和外食是不可或缺的存在，
無論是午餐或是在公司要吃零食，
或是下班回家路上去健身房做肌力訓練時的營養補給，
便利商店提供了便利性。問題是要如何從眾多菜色當中挑選出需要的食物呢？

3 配菜

只要能攝取到多彩蔬菜的菜色就 OK

蔬菜的配菜，馬鈴薯沙拉或涼拌高麗菜絲都很不錯，至於深色食物中的海藻和毛豆，也很棒。

肌力訓練前後的營養補給品

一定要有糖分＋蛋白質！
水果、果汁、起司棒也 OK

不僅是肌力訓練後的能量補充，肌力訓練前也不要忘了補給糖分＋蛋白質，水果、果汁能迅速提供能量；而起司棒或起司，則是製作肌肉的蛋白質來源。

加班時的點心

咀嚼魷魚絲或堅果，
自然肚子就有飽足感！

肚子稍微餓了時，可以吃點點心，但禁止吃餅乾或甜點。為了不要吃進過多的卡路里，準備一些小包裝的堅果、果凍或魷魚絲等，慢慢咀嚼吧！

打造理想體型不可或缺的
聰明營養補給術。

STEP **3**
按照目標分類，
肌力訓練完後的
加碼食譜。

基礎變強後，就實踐接近理想體型的飲食。關鍵是肌力訓練前後的
營養補給和做肌力訓練當天晚餐的菜色！

改善飲食習慣，身體變輕後，打造基礎的工程就算進行順利。接著
就可以邁向以努力做肌力訓練為前提，配合理想體型的飲食了！但進入
這步驟之前，先說一下肌力訓練當天營養補給的重點。

很多人會在肌力訓練後補充蛋白質，但大家卻都忽略掉肌力訓練前
的營養補給。肌力訓練讓肌肉成長的機制如下：

「做了肌力訓練，肌肉會分泌疲勞物質＝乳酸→促進成長賀爾蒙分
泌→成長賀爾蒙讓肌肉組織修復＆成長」。

因此，支配肌肉增強的物質是成長賀爾蒙，而這成長賀爾蒙是在肌
力訓練後持續分泌 1 小時，並在訓練後的 30 分鐘內達到顛峰，之後逐
漸減少。只要配合這個時間補充蛋白質的話，成長賀爾蒙就能順利修復
肌肉，並讓肌肉變強。

想要在肌力訓練後讓蛋白質迅速到位，還得考量到消化吸收的時間。
因此肌力訓練即使立即攝取蛋白質仍舊太慢，建議肌力訓練前 3 ～ 4 個
小時吃飯時補給，以及肌力訓練後再補充，效果才最明顯。

另外，維持肌肉功能的水分及能量來源的糖分，也別忘適度補給，
這樣就萬無一失了。

肌力訓練當天的飲食重點

做肌力訓練前
要補充水分 & 蛋白質 & 糖分

肌力訓練的前 3～4 小時必須補充蛋白質，若能每餐吃飯時補給是最理想的，但是若兩餐間隔很久，則可在肌力訓練前的 3～4 小時補充牛奶 & 香蕉。若想要喝蛋白質營養補充品，則建議在肌力訓練前後各喝一半的量。

輕量肌力訓練前的營養補給
只要喝礦泉水就夠了

若每餐都確實攝取蛋白質，只是做輕量的肌力訓練，在訓練前只要喝硬度高的礦泉水就夠了。亂吃過多的蛋白質，若沒消耗掉，多出來的只會變成體脂肪而已。

做完肌力訓練後
30 分鐘內補給營養是鐵律

做完肌力訓練後，要在 30 分鐘內補充蛋白質 & 糖分 & 水分。吸收快速的蛋白質營養補給品是最好的選擇，鮭魚飯糰 & 礦泉水、或是牛奶 & 火腿三明治也 OK。但禁止吃過量，只是稍微補充一下。

做肌力訓練那天的晚餐
要加強維他命和礦物質

做肌力訓練當天的晚餐，是強化身體的好時機。好好均衡攝取增加肌肉所需的蛋白質、維他命、礦物質。但因吃完馬上就要睡覺了，所以不要吃太多脂肪和醣類食物。

target

走在流行尖端的 精瘦型肌肉男

窄管長褲加上翹臀，從 T 恤窺探到結實胸膛
及上臂肌肉。迷死人的時尚體態到手！

黃豆製品 & 辛辣成分提高脂肪代謝。
以小塊肌肉為目標，做肌力訓練當天的晚餐，就
不需要特別增加蛋白質的量，只要減少糖分，再
攝取適量的蛋白質即可。與其努力讓肌肉變大塊，
不如先減少脂肪，因此一定要攝取黃豆製品及辛
辣成分的食材。納豆和豆腐、水煮黃豆裡富含減
少體脂肪功能的大豆蛋白，同時也是很優異的蛋
白質來源。辣椒和薑等辛辣成分能夠促進脂肪燃
燒，要積極攝取。

飲食重點

提高代謝，減掉多餘的脂肪！
在平常的飲食當中，注意不要攝取過多的脂肪 & 糖分
之外，還要增加維他命B群，設法提高代謝。豬肉、蛋、
納豆、鮪魚瘦肉、綠花椰菜、大蒜、毛豆裡都含有豐
富的維他命 B 群。

活用黃豆製品，維持適量的肌肉！
想要維持肌肉又想消除體脂肪，攝取黃豆製品是絕佳
主意。每天一定要攝取納豆和豆腐、水煮黃豆。特別
是擁有讓血液清澈功能的納豆，在淨化身體的晚上特
別推薦。

隨時補充礦物質，打造柔軟的身體！
想要訓練小塊肌肉，即使肌力訓練的強度低，也必須
做到一定程度的次數，因此也仍舊需要攝取不少礦物
質。肌力訓練時的最佳夥伴是硬度高的礦泉水，另外，
吃飯時不妨攝取堅果類和芝麻等食材。

肌力訓練當天的晚餐菜單

納豆泡菜石鍋拌飯

材料〔一人份〕

五穀飯・・・・・・・・・	180 克
納豆・・・・・・・・・・・	1 盒
冷凍毛豆・・	5 串（實際重量 10 克）
小黃瓜・・・・・・・・	1/2 根
泡菜・・・・・・・・・・	50 克
溫泉蛋・・・・・・・・	1 個
芝麻・・・・・・・・・	1 小匙

〔A〕

醬油・・	1 小匙	醋・・	1 小匙
砂糖・・			1/2 小匙
薑泥・・	適量	蒜泥・・	適量

做法

1. 小黃瓜切絲備用。
2. 將飯放入碗中，加入納豆、毛豆、小黃瓜、泡菜，淋上〔A〕，再放上溫泉蛋，撒上芝麻。

POINT

攝取納豆 & 泡菜讓腸道順暢

泡菜裡除了有可燃燒脂肪的辣椒、提高代謝的薑和大蒜外，也富含能調整腸內環境的乳酸菌；納豆裡有減少體脂肪需要的大豆蛋白，和促進脂肪代謝的維他命 B_2；毛豆裡有肌肉合成時必須的葉酸、提高代謝時必須的維他命 B_1。

STEP
3

target

輕盈有力的運動體型

跑步、騎腳踏車、攀岩、壁球、五人制足球,想
要享受這些運動,你不能不擁有好身體!

攝取雞胸肉 & 黃綠色蔬菜
打造遠離疲勞的肌肉。

想要跑步、騎腳踏車、攀岩,或是打壁球、踢五人制足
球,必須讓身體擁有持久力、瞬間爆發力的肌肉,因此
各種肌力訓練是必要的。而飲食上,更須綜合性地補充
營養,均衡攝取糖分 & 蛋白質,同時還要確實補強維他
命、礦物質,這樣才能讓肌肉順利活動。同時為了預防
疲勞累積,別忘補充抗氧化成分,推薦的食材是雞胸肉、
黃豆製品、維他命 A、C、E 豐富的黃綠色蔬菜,含高
蛋白質的義大利麵也不錯!

飲食重點

以提高持久力 & 瞬間爆發力為目標,
補充優質蛋白質 & 醣分!
為了要提高持久力 & 瞬間爆發力,必須均衡攝取構成
肌肉的蛋白質,以及肌肉能量來源的醣分,但晚上是容
易變胖的時間,注意攝取量。

強化礦物質和抗氧化成分,
不要讓肌肉累積疲勞!
常運動的人礦物質消耗量也多,特別是鈣質、鐵質、鎂、
鋅等,都是肌肉運動時不可或缺的營養素。多多補充乳
製品、黃綠色蔬菜、海鮮、海藻、堅果類和芝麻吧!

聰明攝取水果,補充維他命 & 礦物質!
水果裡含有的糖分是具速效性的能量來源,在肌力訓練
及運動前後補充是最適當的。水果裡也富含能有效消除
疲勞的檸檬酸、能減輕壓力的維他命 C,因此不只是做
肌力訓練時吃,也希望大家能每天都吃水果。

大蒜雞肉奶油麵

材料〔一人份〕

義大利麵・・・・・・・・ 100 克
雞胸肉・・60 克　綠花椰菜・・50 克
大蒜・・1 顆　　橄欖油・・1 小匙
豆奶・・100 毫升　　蛋黃・・1 個
起司粉・・1 大匙　　水・・50 毫升
鹽、黑胡椒・・・・・・・・ 適量

做法

1. 將義大利麵煮好備用。
2. 將大蒜切薄片、雞肉和綠花椰菜切成一口大小。
3. 將蛋黃、豆奶、起司粉放入碗裡攪拌。
4. 平底鍋裡加入橄欖油，將大蒜、雞肉、綠花椰菜放入拌炒，再加入做法 3 和熱水 50 毫升，充分攪拌。
5. 水分收乾後，再加入熱水 100 毫升、義大利麵，攪拌，撒上鹽、胡椒調味。

POINT

低脂肪的雞胸肉和豆奶，可均衡攝取蛋白質

雞胸肉能預防疲勞累積，平常隨時攝取的話，可打造不易疲勞的身體。綠花椰菜和大蒜裡含有肌肉合成時不可或缺的葉酸和維他命 B6；豆奶裡含有能消除體脂肪的大豆蛋白。

STEP
3

target

充滿大塊肌肉的
精壯肌肉男

全身充滿大塊大塊隆起的結實肌肉,是很多人的憧憬。讓大家看看強壯男性的氣場吧!

這 5 種成分,肌肉合成必備!

視肌力訓練的強度及自己的身體狀況,來判斷需要攝取蛋白質所須的量。蛋白質攝取鐵律是要食用低脂肪高蛋白的食材,雞里肌肉、雞胸肉、鮪魚瘦肉部位、貝類、花枝、章魚、牛豬的腿肉和里肌肉等,都是不錯的選擇。除此之外,還要注意體內肌肉合成不可或缺的維他命 B6、葉酸、鋅、鎂、維他命 C 也不可少。維他命 B6 在鮪魚、鰹魚、雞肉裡可以找到;葉酸可從毛豆和酪梨、綠花椰菜當中獲得,至於芝麻則富含鋅和鎂。

飲食重點

**強化低脂肪的蛋白質,
充分補充肌肉的材料!**
如果沒有目的地隨意補充蛋白質,會造成脂肪過多,讓體脂肪增加。因此要慎選低脂肪的蛋白質,同時別忘補充黃豆製品,極力抑制脂肪吧!

**維他命、礦物質,
同樣不可或缺!**
想要製造肌肉,只靠蛋白質是不夠的。肌肉合成時,必須有維他命 B6、葉酸、鋅、鎂、維他命 C,別忘和蛋白質一起攝取。

利用無油料理,阻斷多餘的卡路里!
即使刻意選擇低脂肪高蛋白質的食材,卻以大量的油做為料理手法,就等於賠了夫人又折兵。避免炸物和炒的料理方式,聰明選擇涼拌、蒸、烤等不使用油的處理方式。

鮪魚加州丼

材料（一人份）

五穀飯 ‧‧200～400 克（視體型而異）
鮪魚瘦肉部位‧‧‧‧ 100～120 克
酪梨‧‧1/2 個　　　竹輪‧‧1～2 條
烤海苔‧‧適量　　　生菜嫩葉‧‧1 包

〔A〕
醬油‧‧1 大匙　　　芝麻‧‧1 小匙
檸檬汁‧‧‧‧‧‧‧‧‧‧‧‧1/4 個

做法

1. 將鮪魚、竹輪切成一口大小，酪梨以湯匙挖出，全部放入大碗中，和〔A〕混合。

2. 將飯盛到碗裡，放上生菜嫩葉、做法 1、撕碎的海苔，也依個人喜歡加入山葵。

POINT

鮪魚瘦肉部位富含蛋白質 & 維他命 B 群，最適合用來打造肌肉！
不管做多劇烈的肌力訓練，晚餐吃太多，就會累積體脂肪。米飯的量以 200 克為基準，可依體型略做調整。蛋白質來源可攝取鮪魚瘦肉部位和竹輪，藉此控制脂質，也建議多多攝取酪梨、生菜嫩葉、海苔、芝麻等，確實補充維他命、礦物質。

STEP **3**

target

抗老化積極性體態

40、50 幾歲已感到身體衰老,鍛鍊身體肌肉,加上飲食改變,恢復年輕的體態,讓別人看不出你的年齡!

活用抗氧化食材
打造不生鏽的身體

抗老化的基本是預防氧化 & 醣化。所謂氧化就是因體內的脂肪氧化,讓血液循環變差、代謝降低,引起動脈硬化;而醣化就是因高血糖,讓體內的蛋白質產生變化,傷害細胞的現象。為了對抗這兩個讓身體老化的現象,就必須攝取抗氧化食材,並預防高血醣。黃綠色蔬菜和堅果類可一次攝取到維他命 A、C、E、血糖值的食物纖維、多酚抗氧化及抑制色素等成分,無論哪個食材都要隨時補充才有效果。

飲食重點

大量補充抗氧化食材,讓身體不生鏽!
所有黃綠色蔬菜、蘋果和莓類、堅果類、芝麻、鮭魚、紅酒、蕎麥麵、黃豆製品裡都富含抗氧化成分,和只攝取單項比起來,搭配著攝取效果更高。

聰明選擇不易堆積在身體裡的油!
減少攝取容易堆積在身體內的肉類脂肪和奶油、生奶油的乳脂肪,但身體仍需要適量的脂質。不妨選擇不易堆積在身體裡的橄欖油和青背魚、酪梨等。

血糖值紊亂會引發老化!控制糖分,增加蔬菜。
為了預防體內蛋白質老化而產生的醣化現象,首要之務是預防高血糖。養成吃飯時先吃蔬菜和水果、海藻等含食物纖維的食物,就能預防血糖值急速上升。

塔塔醬核桃鮭魚

材料（一人份）

全麥吐司 · · · · 1～2 片（70 克左右）
鮭魚 · · · · · · · · · 80～100 克
蘋果 · · · · · · · · · · · · 1/4 個
小番茄 · · · · · · · · · · · · 3 個
核桃 · · · · · · · · · · · · · 10 克
荷蘭芹 · · · · · · · · · · · · · 適量
檸檬汁 · · · · · · · · · 1/4 個的量
橄欖油 · · · · · · · · · · 1/2 大匙
鹽 · · · · · · · · · · · · · ·一小撮

做法

1. 鮭魚隨意切成小塊狀，蘋果切成薄三角形，小番茄切成 4 等份，荷蘭芹切碎，核桃隨意切碎備用。

2. 在大碗裡放入做法 **1**、檸檬汁、橄欖油，攪拌均勻，再加入鹽調味。

3. 盛盤，放上吐司。

POINT

紅色色素＋橄欖油
攝取抗氧化力量更有效
鮭魚裡含有蝦紅素，是種強力的抗氧化成分。蝦紅素是脂溶性的，搭配少量油攝取的話，吸收率更高，因此建議使用橄欖油，還可降低攝取過多的膽固醇，可謂一石二鳥。蘋果富含抗醣化的食物纖維，及抗氧化的多酚，建議不時補充。

STEP **3**

target

隨時閃耀動人的
健康美人

賀爾蒙紊亂、生理期不舒服……，趕走這些擾亂女性心情及身體的煩惱，以閃耀動人、健康美人為目標！

黃豆製品和海藻
趕走女性的不適症狀

因賀爾蒙失調引起的不適症狀能夠靠飲食來改善，黃豆製品和海藻不僅做肌力訓練當天要吃，平常也要隨時攝取。黃豆製品裡富含可構成肌肉的蛋白質，及補充女性賀爾蒙功能的大豆異黃酮。海藻類，特別是羊栖菜裡富含鈣質、食物纖維，以及能預防貧血的鐵質。生理期容易焦慮、緊張、失眠，維他命 B6 和色胺酸能有效安定神經，鮪魚和雞里肌肉裡含有這些營養分，好好活用吧！

飲食重點

隨時補充鐵質與鈣質！
生理期及做肌力訓練時會消耗掉很多鐵質，加上身體對鐵質的吸收率又很低，因此平常就要刻意多多攝取。海菜類和貝類、豬肝、豆腐等富含鐵質，可以多加食用。同樣容易缺乏的鈣質，也要隨時補充。

攝取黃豆製品
強化蛋白質、調節賀爾蒙及提高免疫力！
黃豆製品是女性的最佳夥伴，不僅可以提供維持肌膚和肌肉不可或缺的蛋白質來源，也能補充女性賀爾蒙，更可有效改善腸內環境，並提高免疫力。

聰明攝取辛香料，促進身體循環！
手腳冰冷或血液循環不順暢的女性們，不妨隨時攝取辛香料，特別是薑，含有能溫熱身體、促進代謝的成分，也有抗氧化作用，最適合用來抗老化。青紫蘇葉和蔥、荷蘭芹及山茼蒿也是不錯的選擇。

塔塔醬核桃鮭魚

材料（一人份）

五穀飯 · · · · · · · · · · · · ·	160 克
豆腐 · · · · · · · ·	1/3 塊（100 克）
水煮海底雞罐頭 · · · · · · ·	30 克
吻仔魚 · · · · · · · · · · ·	15 克
水煮羊栖菜 · · · · · · · ·	50 克
細蔥 · · · · · · · · · · · ·	10 克
豆苗 · · · · · · · · · · · ·	10 克

〔A〕

薑泥 · · · · · · · · · ·	1 小塊的份量
醬油 · · · · · · · · · · · · · · ·	2 小匙

做法

1. 將豆腐切成一口大小，細蔥切小段，薑磨成薑泥備用。
2. 碗裡盛飯，加入豆腐、瀝過水的海底雞、吻仔魚、海菜、豆苗、細蔥，再淋上〔A〕，最後依照喜好加入青紫蘇葉和茗荷及芝麻。

POINT

補強有助於肌肉合成 & 穩定神經的維他命 B6，就靠海底雞！
做肌力訓練當天吃豆腐 & 海菜，再加上海底雞，是很棒的一餐。海底雞是鮪魚製成，鮪魚富含肌肉合成時不可或缺的維他命 B6；豆苗富含的維他命 C 有助於鐵質吸收、消除疲勞 & 減輕壓力。

國家圖書館出版品預行編目

100種自重肌力訓練：日本健身大師秘笈,最有效的徒手
運動 / 比嘉一雄監修；林佳翰翻譯. -- 初版. -- 臺北市：
朱雀文化, 2017.04
面； 公分-- (Magic；40)
ISBN 978-986-94586-0-3 (平裝)

1.運動訓練　2.肌肉　3.健身

528.923　　　　　　　　　　　106003654

Magic040

100種自重肌力訓練
日本健身大師秘笈，最有效的徒手運動

監修	比嘉一雄
翻譯	林佳翰
封面設計	張歐洲
內頁設計	張歐洲
編輯	劉曉甄
校對	連玉瑩
行銷企劃	石欣平
企畫統籌	李橘
總編輯	莫少閒
出版者	朱雀文化事業有限公司
地址	台北市基隆路二段13-1號3樓
電話	(02) 2345-3868
傳真	(02) 2345-3828
劃撥帳號	19234566 朱雀文化事業有限公司
e-mail	redbook@ms26.hinet.net
網址	http://redbook.com.tw
總經銷	大和書報圖書股份有限公司 (02) 8990-2588
ISBN	978-986-94586-0-3
初版一刷	2017.4
定價	380元
出版登記	北市業字第1403號

自重筋トレ100の基本
Copyright © 2013 Ei-Publishing Co Ltd.
Original Japanese edition published by Ei-Publishing Co Ltd.
Complex Chinese translation rights arranged with Ei-Publishing Co Ltd.,Tokyo
through LEE's Literary Agency, Taiwan
Complex Chinese translation rights © 2017 by Red Publishing Co. Ltd.

●朱雀文化圖書在北中南各書店及誠品、金石堂、何嘉仁等連鎖書店，以及博客來、讀冊、PC HOME等網路書
店均有販售，如欲購買本公司圖書，建議你直接詢問書店店員，或上網採購。如果書店已售完，請電洽本公司。
●●至朱雀文化網站購書（http：／／redbook.com.tw），可享85折起優惠。
●●●至郵局劃撥（戶名：朱雀文化事業有限公司，帳號19234566），掛號寄書不加郵資，4本以下無折扣，
5～9本95折，10本以上9折優惠。